COUP `de` COEUR

Cuisine pas banale pour le monde pressé

LES PRODUCTEURS DE DINDONS DU QUÉBEC

COUP `de` COEUR

Cuisine pas banale pour le monde pressé

Recettes
Suzanne Lapointe
Chef Claudel Courcelles

Photographies
Christian Lacroix
Adrien Duey
Dominique Malaterre

Illustrations
Luc Melanson

Conception et réalisation
Simcom Inc.

Ce livre est publié à l'initiative des
Producteurs de dindons du Québec
555, boulevard Roland Therrien
Longueuil (Québec)
Canada J4H 3Y9

Pour obtenir un autre exemplaire de *Coup de coeur*, écrivez
à l'adresse ci-dessus ou composez sans frais le 1-888-280-3441.

Photos: Christian Lacroix/Solaris Photo-Design Inc.
     Adrien Duey
     Dominique Malaterre/Tilt Inc.

Illustrations: Luc Melanson

Conception et réalisation: Simcom Inc.

ISBN 2-9805562-0-3
Dépôt légal: quatrième trimestre 1997
Bibliothèque nationale du Québec
Bibliothèque nationale du Canada

Notre Coup de cœur !

Nous sommes heureux de partager avec vous le coup de cœur que nous avons eu pour ce petit chef-d'œuvre de cuisine pas banale pour le monde pressé. Nous sommes certains qu'il saura transformer vos repas quotidiens en une savoureuse aventure culinaire dont les étapes, aussi rapides que faciles à franchir, vous conduiront au sommet des délices !

Les aides-gourmets IGA

PRÉFACE

Il est des plaisirs qui échappent au temps qui passe. La table est un exemple de ces privilèges, sans cesse réinventés à travers d'infinies combinaisons de saveurs. Mes souvenirs d'enfance, gorgés d'effluves de la cuisine de maman, sont intacts. Je me souviens des bouillons fumants, des plats mijotés qui se faisaient attendre, de l'odeur des fraises en confitures et des tomates mûres de fin d'été. Mille et un petits bonheurs au quotidien qui ont laissé leurs traces.

Les temps ont changé. Des ingrédients nouveaux ont pris place sur les étals des marchés. On trouve plus d'herbes fraîches: le basilic, la menthe, le romarin, plus que jamais embaument. Les fruits et légumes nous proviennent des quatre coins du monde et les inspirations fusent de toutes parts: France, Italie, Mexique, Viêtnam, etc. On les apprivoise, on les marie aux racines de notre passé, et la magie opère...

Pour ma part, j'ai craqué pour le dindon. Ses nouvelles découpes ont joué de séduction: escalopes, pilons, rôtis, ailes ou tournedos me l'ont fait découvrir sous un jour nouveau. Je l'ai incorporé à des pâtes, j'en ai fait des minipizzas, des fajitas et des grillades avec le même succès.

Le temps est devenu, quant à lui, la denrée rare. L'ingrédient par excellence qui fait résolument défaut. Aussi ai-je conçu les recettes dans cette perspective, pas plus de vingt minutes de préparation. Mais vous savez que je suis de ces palais gourmands qui ne croient pas aux compromis des saveurs. Et, comme il va de soi, je veux de cette cuisine qu'elle soit saine et équilibrée en éléments nutritifs. J'ose croire que le défi est relevé: de l'entrée au dessert, en peu de temps, des compositions de plats qui réinventent chaque jour le plaisir de bien manger.

Je vous offre donc mes secrets culinaires qui feront de vos repas des petits bonheurs sur lesquels, je l'espère, jamais le temps n'aura d'emprise. Maintenant, à table!

Suzanne Lapointe

TABLE DES MATIÈRES

LE DINDON RACONTÉ

À l'origine, le dindon vivait à l'état sauvage. Il volait et, la nuit, il aimait se percher dans les arbres. Heureusement pour les arbres, il était beaucoup plus petit qu'aujourd'hui! En effet, c'est à la suite de la domestication de la dinde par les Aztèques, puis par de nombreux croisements, que la dinde est devenue plus charnue. Vivant en Amérique, la dinde ne fut connue des Européens qu'après la découverte de ce continent par les Espagnols. Comme ils croyaient être arrivés en Inde, les Européens nommèrent cette grosse volaille «coq d'Inde». Par la suite, ils finirent par l'appeler tout simplement «dinde». Les Anglais, quant à eux, croyaient qu'elle venait de Turquie, d'où son nom anglais de *Turkey...*

Plus grosses et de plus belle apparence, les dindes ont peu à peu remplacé les oies au repas de Noël. La première dinde aurait fait son apparition au mariage de Charles IX en 1570. Ensuite, elle fut le plat principal de l'Action de grâce, qui se voulait un remerciement pour les bonnes récoltes de l'année. Au Canada, cette journée est officiellement fêtée depuis 1879.

Le Québec compte environ 150 producteurs de dindons installés dans toutes les régions. Cependant, ils sont plus nombreux du côté de Saint-Hyacinthe, Valcartier (près de Québec) et dans la grande région de Lanaudière. Le producteur québécois élève en moyenne 30 000 oiseaux par année pour un total de 240 000 kg par producteur. Grâce à une meilleure connaissance de la génétique et une nourriture mieux adaptée à la croissance, l'utilisation d'hormones dans l'élevage de la volaille a cessé depuis plus de 30 ans.

La viande de dindon constitue sans aucun doute un aliment exceptionnel. En effet, elle est une excellente source de protéines de haute qualité, en plus de fournir une quantité appréciable de niacine, de vitamines B6, B12 et de fer. Viande maigre s'il en est une, une portion de 100 g (3,5 oz) de viande blanche de dindon, sans la peau, ne renferme pas plus de gras qu'un grand verre de lait à 1 % m.g. Quant à la viande brune, qui renferme environ $\frac{1}{5}$ plus de calories que la blanche, elle demeure la plus maigre si on la compare au porc, au bœuf ou à l'agneau.

Le dindon est sans contredit un aliment bien adapté aux besoins et aux goûts des consommateurs. De plus en plus présent dans les supermarchés, le dindon est proposé en plus de 30 découpes possibles: cubes, lanières, ailes, escalopes, pilons, brochettes, tournedos, etc. Vous pouvez également profiter des prix spéciaux, puisque le dindon cru en morceaux se conserve environ 6 mois au congélateur et de 2 à 3 jours au réfrigérateur. Cuit, on peut le garder jusqu'à 3 mois au congélateur et au plus 4 jours au frigo.

LE DINDON ENTIER EN SEPT QUESTIONS

Bien que le dindon fasse, depuis longtemps, partie de nos traditionnels repas du temps des fêtes, certaines questions sont toujours d'actualité.

Les quantités

Prévoyez 500 g (1 lb) de dindon entier cru par personne.

La décongélation

Avant d'entreposer votre dindon au frigo, retirez les abats. Il est préférable de décongeler un dindon entier au réfrigérateur. Pour ce faire, laissez-le dans son emballage et calculez 10 heures par kilo (5 heures par livre).

La préparation

Avant de cuire votre dindon entier, n'oubliez pas d'enlever les abats de la cavité abdominale. Rincez la volaille (intérieur et extérieur) à l'eau froide, puis apprêtez-le selon la recette choisie.

La farce

Le dindon doit être farci juste avant la cuisson. Après le repas, retirez la farce du dindon et gardez-la au frigo dans un contenant fermé. La farce se conserve ainsi 3 jours au réfrigérateur et 4 semaines au congélateur.

La cuisson

Vérifiez toujours la cuisson à l'aide d'un thermomètre à viande.

On l'insère dans la partie interne de la cuisse, juste au-dessus de l'os, sans l'atteindre. Pour un dindon farci, c'est cuit lorsque la température atteint 82 °C (180 °F), et 77 °C (170 °F) pour un dindon non farci.

L'hygiène

Lavez à l'eau chaude savonneuse tous les ustensiles (planche à découper, couteaux, assiettes, etc.) ayant servi à préparer le dindon cru avant toute nouvelle utilisation. Vous éviterez ainsi toute contamination bactérienne.

La consommation

Ne laissez pas votre dindon cuit plus de deux heures à la température de la pièce ; placez-le, dès que possible, au réfrigérateur à 4 °C (40 °F) ou moins.

1- Lanières 2- Pilons d'ailes 3- Escalopes 4- Cubes à casseroles 5- Cuisses 6- Filets 7- Dindon haché
8- Hauts-de-cuisse 9- Tournedos

LES RÈGLES D'OR DU DINDON PARFAIT

Comparaison des valeurs nutritives pour une portion de 100 g de viande crue

	Gras total (g)	Gras saturés (g)	Calories	Protéines (g)
Sans peau, viande blanche				
Dindon	1,57	0,50	114	23,4
Poulet	1,65	0,44	114	23,2
Sans peau, viande brune				
Dindon	4,11	1,38	123	20,0
Poulet	4,31	1,10	125	20,1
Avec peau, viande blanche				
Dindon	7,04	1,91	156	21,6
Poulet	11,10	3,16	185	20,3
Avec peau, viande brune				
Dindon	7,89	2,32	152	19,1
Poulet	18,80	5,26	237	16,7
Agneau *jarret maigre*	3,29	1,16	120	21,1
Veau *ronde maigre*	1,76	0,53	107	21,3
Bœuf *int. ronde maigre*	2,09	0,72	117	23,1
Porc *cuisse, croupe, maigre*	2,85	0,99	121	22,4
Poisson *plie, filet de sole*	1,19	0,28	91	18,8

SOURCE : Santé Canada, révision février 1996.

Conservation du dindon au réfrigérateur

	DURÉE (jours)	
	cru	**cuit**
Entier	2 - 3	3 - 4
En morceaux	2 - 3	3 - 4
Abats	1 - 2	3
Haché	1 - 2	3
Mets en sauce	—	2 - 3

Conservation du dindon au congélateur

	DURÉE (jours)	
	cru	cuit
Entier	12	1 - 3
En morceaux	6	1 - 2
Abats	3 - 4	1
Haché	2	1
Mets en sauce	—	3

Temps de cuisson minimum du dindon entier, à 160 °C (325 °F)

Poids	farci	non farci
8 - 10 lb (3,5 - 4,5 kg)	$3^{1}/_{4}$ - $3^{1}/_{2}$ h	$2^{3}/_{4}$ - 3 h
10 - 12 lb (4,5 - 5,5 kg)	$3^{1}/_{2}$ - $3^{3}/_{4}$ h	3 - $3^{1}/_{4}$ h
12 - 16 lb (5,5 - 7 kg)	$3^{3}/_{4}$ - 4 h	$3^{1}/_{4}$ - $3^{1}/_{2}$ h
16 - 22 lb (7 - 10 kg)	4 - $4^{1}/_{2}$ h	$3^{1}/_{2}$ - 4 h

Note : La meilleure façon de vérifier la cuisson du dindon entier est d'utiliser un thermomètre à viande inséré dans la cuisse sans qu'il ne touche l'os. La cuisson est terminée lorsque la température atteint 82 °C (180 °F) pour un dindon farci et 77 °C (170 °F) pour un dindon non farci.

Si vous ne possédez pas de thermomètre, deux indices vous indiqueront la cuisson désirée : la cuisse se détache aisément de son articulation et le jus de cuisson est clair (non rosé) et limpide.

Cuire le dindon entier dans une rôtissoire sans couvercle. Former une petite tente avec du papier d'aluminium et déposer sans serrer sur le dindon en laissant une partie à découvert. Enlever le papier 30 minutes avant la fin de la cuisson pour faire dorer. Arroser de temps à autre.

Cuisson au four des découpes de dindon, à 160 °C (325 °F)

Coupe avec os	Poids (g)	Durée
Aile	300	45 minutes
Haut de cuisse	400	1 heure 15 minutes
Pilon	300	1 heure 15 minutes
Cuisse	600	1 heure 30 minutes
Demi-poitrine	1 kg	1 heure 45 minutes
Tournedos	120 à 180	1 heure
Rôti de poitrine	1 kg	1 heure 15 minutes

Note : Ce tableau donne un aperçu de la cuisson au four pour les découpes de dindon. Référez-vous au tableau des méthodes de cuisson habituelles pour chaque découpe.

Types de cuisson par découpes de dindon

	À la poêle	Au BBQ	Au wok	Au four	Au micro-ondes	Poché	En casserole
Lanières	•		•				•
Escalopes	•			•			
Cubes	•	•		•			•
Filet	•			•		•	
Haché	•	•	•	•	•	•	•
Tournedos	•	•		•			
Rôti de poitrine		•		•		•	
Demi-poitrine avec os		•		•	•		
Ailes, pilons et haut de cuisse avec os		•		•	•		•
Cuisse		•		•		•	•
Haut de cuisse désossée sans peau	•		•			•	•
Poitrine entière avec os		•		•			

Cuisson au barbecue

Découpes	Poids (en grammes)	Temps de cuisson	Type de chaleur
Ailes (préalablement bouillies pendant 20 minutes)	225	45 min	I
Haut de cuisse avec os	370	45 min à 1 heure	I
Pilon	225	1 à 1¼ heure	I
Cuisse entière	725	1 à 1½ heure	I
Demi-poitrine avec os	825	1 h 45 à 2 heures	I
Poitrine entière avec os	2,5 à 3 kg	2 à 2½ heures	I
Tournedos	270	10 à 15 minutes par côté	D
Filet	225	8 à 10 minutes par côté	D
Brochettes (cubes de 2 cm ou 1 po)	4 cubes	8 à 10 minutes par côté	D
Brochettes (cubes de 4 cm ou 1,5 po)	4 cubes	10 à 12 minutes par côté	D
Burger	4 onces	8 à 10 minutes par côté	D
Tranche (steak)	150	6 à 8 minutes par côté	D
Poitrine désossée sans peau	335	10 à 15 minutes par côté	D
Rôti de poitrine	875	1 h 45 à 2 heures (calculer 35 à 40 minutes par livre)	I

GRILLADES

Les petites pièces, qui demandent 25 minutes ou moins de cuisson, seront grillées à *chaleur directe* (D). Pour ce faire, préchauffez l'appareil pendant 10 minutes à température maximum et assurez-vous que la grille se trouve à 10 ou 15 cm (4 ou 6 po) de la source de chaleur. Abaissez ensuite la température à feu moyen pour cuire la volaille. Si vous utilisez un barbecue au charbon de bois, répartissez bien les braises pour une cuisson uniforme.

On cuit à la *chaleur indirecte* (I) les gros morceaux qui nécessitent une cuisson plus longue, à température moyenne cette fois. Il est conseillé d'enrober de papier d'aluminium les pilons et les cuisses, et de tourner les pièces de viande de temps à autre.

ENCORE ET ENCORE!

Il vous reste du dindon? Tant mieux! Cela vous donnera l'occasion
d'apprêter des repas minute savoureux et nutritifs!

- BOUILLON. Conserver la carcasse de la volaille et la sauce de cuisson (voir p. 137).
- PÂTÉ. Incorporer des morceaux de dindon à une sauce blanche ou brune, ajouter au goût des légumes cuits, puis faire cuire en pâté, entre deux croûtes à tarte.
- SALADE. Hacher finement du dindon, du céleri et de l'échalote. Ajouter de la mayonnaise et une pointe de moutarde de Dijon. Au goût, ajouter des amandes et des raisins verts sans pépins. Servir sur des feuilles de laitue, en garniture de sandwiches ou dans des moitiés de petits melons.
- CRÊPES. Déposer des morceaux de dindon, de la sauce veloutée (voir p. 139) et des champignons sautés au beurre dans des crêpes fines. Rouler, saupoudrer de fromage râpé au goût et gratiner au four.
- CHOP SUEY. Faire rapidement sauter des lamelles de champignons, de poivrons et des échalotes hachées avec des fèves germées. Ajouter des cubes de dindon et arroser de bouillon (voir p. 137).
- SOUPE. Tenter l'expérience des différentes nouilles italiennes ou chinoises, wonton, des lanières de crêpes fines ou encore des pâtes fraîches dans du bouillon. Agrémenter de morceaux de dindon cuit et de légumes crus, coupés finement.

- FRICASSÉE. Faire revenir de l'oignon dans du beurre, ajouter des cubes de dindon cuits et de pommes de terre, couvrir de sauce et de bouillon. Assaisonner de laurier, de thym, de sel et de poivre. Couvrir et cuire jusqu'à ce que les pommes de terre soient tendres.
- PÂTES. Ajouter des cubes de dindon à une sauce tomate ou à une sauce au fromage. Servir sur des pâtes.
- CROQUE-DINDON. Sur une tranche de pain de ménage, mettre des morceaux de dindon, des lamelles de poivron vert, quelques rondelles d'oignon, des champignons émincés. Recouvrir de fromage et faire gratiner au four.
- RIZ FRIT AU DINDON. Dans un poêlon, faire revenir dans un peu d'huile, un œuf battu, puis des cubes de dindon, de l'oignon finement émincé, du céleri haché, des noix de Grenoble (ou des noix de cajou). Mélanger le tout avec du riz assaisonné de sauce soja. Garnir de quelques tiges d'échalotes ciselées.
- VOL-AU-VENT. Dans une sauce veloutée (voir p. 137), ajouter des légumes cuits et des morceaux de dindon cuit. Remplir des vol-au-vent avec la préparation pour obtenir un délicieux dindon à la King.
- SANDWICH CHAUD. Mettre des morceaux de dindon dans une sauce brune. Servir sur des tranches de pain grillé en sandwich chaud. Agrémenter de légumes cuits.

LE CHOIX DES AROMATES

Le succès d'un cordon-bleu tient notamment à la subtilité de ses assaisonnements.
Aussi, s'assurera-t-il de maintenir les réserves de ses meilleurs alliés, les épices et les aromates.

Utilisation des principales épices

	Légumes	Légumineuses	Bœuf	Veau	Agneau	Légumes	Jambon	Volaille	Poisson	Fruits de mer
Basilic	•				•			•	•	•
Clou de girofle	•		•		•	•	•			
Cerfeuil	•							•	•	•
Coriandre	•							•		•
Cumin	•	•	•			•				
Curry	•	•	•	•	•	•		•		
Estragon	•	•	•	•		•	•	•		•
Feuille de laurier	•	•	•				•		•	
Graines de céleri	•								•	
Marjolaine	•	•	•		•	•	•	•		•
Origan	•	•	•		•	•	•	•		•
Romarin	•		•	•	•	•		•		
Sarriette	•	•		•	•	•		•	•	
Sauge			•	•	•	•		•	•	
Thym	•		•	•	•			•	•	

Le truc

La cuisson affadit le goût des herbes fraîches, il faut donc les ajouter à la dernière minute.

Équivalences

Vous pouvez remplacer par...

15 ml (1 c. à soupe) d'herbes fraîches	5 ml (1 c. à thé) d'herbes séchées

La main verte

- Procurez-vous des herbes fraîches en saison.

- Choisissez les herbes séchées en vrac plutôt qu'en pot et achetez-les en petites quantités. Sachez que les herbes et épices en pot se conservent au maximum un an.

- Cultivez vous-même vos herbes, en toutes saisons. Elles seront toujours fraîches et vous aurez de magnifiques plantes d'intérieur tout l'hiver.

Les herbes toute l'année !

- Au réfrigérateur, les fines herbes se conservent dans un sac de plastique hermétiquement fermé.

- Les herbes fraîches se congèlent entières ou coupées, bien nettoyées et parfaitement asséchées, dans de petits sacs à congélation.

- Faites sécher vos bouquets d'herbes aromatiques en les suspendant la tête en bas. Au bout d'une semaine, elles devraient être sèches. Détachez les feuilles et déposez-les dans un contenant opaque en verre, bien fermé. Le lendemain, vérifiez qu'il n'y ait pas d'humidité, car cela signifierait que le séchage n'est pas terminé. Les herbes séchées se conservent un an dans un endroit sec et à l'abri de la lumière.

Quiche aux tomates séchées
et fromage de chèvre

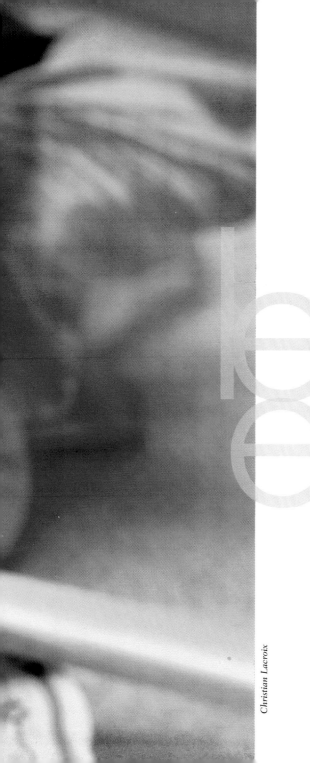

Christian Lacroix

Quelques petites bouchées
bien cuisinées, une cuillerée
de potage fumant, la douceur
d'un poivron grillé et voilà
vos papilles en fête !

LES ENTRÉES

Bouillon minute aux tomates et à l'orange

LA MINUTE DE VÉRITÉ

796 ml (1 boîte de 28 oz) de jus de tomate
1 petit oignon haché finement
5 ml (1 c. à thé) de beurre
15 ml (1 c. à soupe) d'huile d'olive
250 ml (1 t.) de jus d'orange
sel et poivre au goût
1 orange ou 1 citron en tranches fines

Dans une casserole, faire revenir l'oignon dans le beurre et l'huile sans le colorer. Ajouter le jus de tomate. Amener à ébullition. Verser le jus d'orange. Réduire le feu et réchauffer quelques minutes. Saler et poivrer. Garnir de tranches d'orange.

Portions : 4 à 6
Préparation : 5 minutes
Cuisson : 10 minutes

Soupe-repas au maïs

À LA SOUPE!

250 g (½ lb) de dindon en cubes de 1 cm (½ po)
30 ml (2 c. à soupe) de beurre
1 oignon en dés de 1 cm (½ po)
1 branche de céleri en dés de 1 cm (½ po)
1 carotte en dés de 1 cm (½ po)
30 ml (2 c. à soupe) de farine tout usage
750 ml (3 t.) de bouillon de volaille
1 pomme de terre pelée, en dés de 1 cm (½ po)
125 ml (½ t.) de maïs en grains congelé
2 ml (½ c. à thé) de thym
1 feuille de laurier
sel et poivre au goût

Dans un poêlon, faire fondre le beurre et cuire l'oignon, le céleri et la carotte 1 minute. Retirer du feu, ajouter la farine et bien mélanger. Cuire à feu doux 1 minute. Ajouter le bouillon de volaille et amener à ébullition. Incorporer le dindon, la pomme de terre, le maïs, le thym et la feuille de laurier. Poursuivre la cuisson à feu doux 15 minutes ou jusqu'à ce que les pommes de terre soient tendres. Saler et poivrer au goût.

Portions : 4
Préparation : 15 minutes
Cuisson : 20 minutes

Christian Lacroix

Soupe-repas au maïs

Ce potage se congèle très bien. Une fois les légumes réduits en purée, refroidissez et congelez. Ajoutez les assaisonnements, le lait (ou la crème) et le zeste d'orange au moment de servir.

On se sert d'un presse-purée pour réduire les légumes filamenteux. Contrairement au mélangeur ou au robot culinaire, le presse-purée ne broie pas les fibres. Son utilisation est simple : un coup de manivelle... et le tour est joué!

Potage au panais et aux zestes d'orange

UN FIN PANAIS

1 kg (2 lb) de panais pelés, en gros morceaux
2 oignons moyens hachés
30 ml (2 c. à soupe) de beurre
3 grosses pommes de terre pelées, en cubes
1,5 L (6 t.) de bouillon de volaille
sel et poivre au goût
1 pincée de sarriette
lait ou crème 15 % m.g. au goût
15 ml (1 c. à soupe) de zeste d'orange râpé
tranches fines d'orange

Dans une grande casserole, faire revenir l'oignon dans le beurre. Ajouter le panais, les pommes de terre et le bouillon de volaille. Saler et poivrer. Couvrir et laisser mijoter 30 minutes ou jusqu'à ce que les légumes soient tendres. Au presse-purée ou au robot culinaire, réduire la préparation en purée. Remettre dans la casserole, ajouter la sarriette et le lait jusqu'à consistance désirée. Ajouter le zeste d'orange. Garnir de tranches fines d'orange.

Portions : 6 à 8
Préparation : 15 minutes
Cuisson : 45 minutes

Potage froid aux pêches

LA CRÈME DES PÉCHÉS

50 ml ($^1/_4$ t.) de crème 35 % m.g.
30 ml (2 c. à soupe) de crème sure
30 ml (2 c. à soupe) de yogourt nature
540 ml (1 boîte de 19 oz) de pêches égouttées
45 ml (3 c. à soupe) de menthe fraîche
45 ml (3 c. à soupe) de boisson à saveur
de pêche, 0,4 % alcool

Au robot culinaire ou au mélangeur,
réduire la crème, la crème sure, le yogourt
et les pêches jusqu'à l'obtention d'une
consistance homogène. Parfumer de menthe
fraîche et de boisson à saveur de pêche.
Laisser reposer 1 heure au réfrigérateur.
Servir froid.

Portions : 4
Préparation : 10 minutes
Réfrigération : 1 heure

Pour encore plus de
fraîcheur, ajoutez, au
moment de servir, 30 ml
(2 c. à soupe) d'eau
minérale bien pétillante,
de 7-Up ou de Sprite.

Cette soupe consistante
s'agrémente bien de
fruits frais. Coupez des
morceaux de pêches,
de kiwis ou de fraises
que vous déposerez
sur la soupe au moment
de servir. Ajoutez une boule
de sorbet et servez cette
soupe comme dessert.

Pour alléger ce délice,
remplacez la crème
35 % m.g. par de la crème
champêtre 15 % m.g.,
omettez la crème sure
et doublez la quantité
de yogourt.

*Cette recette se congèle
très bien dans
un contenant fermé
hermétiquement.
Sortez-la du congélateur
environ une heure
avant de servir.
Idéal pour la visite surprise !*

Terrine d'escargots

À TOUTE VITESSE

125 g (1 boîte de 4$^{1}/_{2}$ oz)
d'escargots rincés et égouttés
15 ml (1 c. à soupe) de beurre
3 gousses d'ail émincées
15 ml (1 c. à soupe) de vin blanc
50 ml ($^{1}/_{4}$ t.) de beurre froid coupé en cubes
120 g (4 oz) de fromage à la crème léger
coupé en cubes
2 oignons verts hachés finement
50 ml ($^{1}/_{4}$ t.) de persil frais haché
poivre au goût

Chauffer le beurre dans un poêlon, ajouter
l'ail, le vin et les escargots égouttés. Réduire
la chaleur, couvrir et laisser cuire à feu moyen
5 minutes ou jusqu'à ce que les escargots
soient chauds. Remuer quelques fois pendant
la cuisson. Au robot culinaire ou au mélangeur,
réduire en purée le beurre, le fromage, les
oignons verts, le persil, le poivre, les escargots
et leur sauce. Rectifier l'assaisonnement.
Verser dans un bol. Couvrir et réfrigérer jusqu'à
ce que la pâte soit ferme. Servir avec des
tranches fines de pain ficelle ou des toasts
melba rondes.

Portions : 4
Préparation : 10 minutes
Cuisson : 5 minutes

Poivrons grillés en salade

QUELLE SALADE!

4 poivrons de différentes couleurs,
épépinés et coupés en 2
50 ml (¼ t.) d'huile d'olive
45 ml (3 c. à soupe) de vinaigre balsamique
sel et poivre au goût
graines de cumin ou de fenouil (facultatif)

Déposer les poivrons sur une plaque à
biscuits graissée, face coupée vers le bas.
Cuire sous le gril environ 10 minutes,
ou jusqu'à ce que la peau noircisse et se
fendille. Mettre dans un sac de papier
fermé 10 minutes. Enlever la peau avec les
doigts ou au couteau à peler et couper en
lanières. Dans un petit bol, mélanger l'huile
et le vinaigre. Saler, poivrer et ajouter
le cumin ou le fenouil. Verser sur les poivrons.

Portions: 4
Préparation: 15 minutes
Cuisson: 10 à 15 minutes

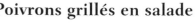

Cuisi-truc

*Les poivrons grillés
ont une saveur encore
plus riche et une texture
douce et tendre.
Préparez-les à l'avance,
ils se conservent de
3 à 4 jours au réfrigérateur.*

*Faute de vinaigre
balsamique, utilisez
du vinaigre de framboise
ou de vin rouge.*

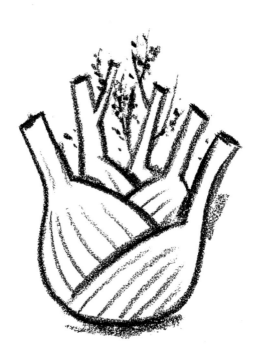

*La laitue ne regorge pas
de vitamines et minéraux,
elle gagne donc à être
combinée avec des aliments
plus nutritifs. Les fruits
constituent une façon
savoureuse d'enrichir vos
salades. Pommes, oranges,
pamplemousses, bleuets,
mangue... laissez-vous
guider par votre palais !*

Salade fruitée
aux graines de pavot

TUTTI FRUTTI

1 laitue romaine déchiquetée
12 fraises tranchées
4 kiwis pelés et tranchés
125 ml (½ t.) de mayonnaise
50 ml (¼ t.) de lait
5 ml (1 c. à thé) de miel
2 ml (½ c. à thé) de vinaigre
15 ml (1 c. à soupe) de graines de pavot

Dans un petit bol, mélanger la mayonnaise,
le lait, le miel et le vinaigre. Verser sur la laitue
et ajouter les fruits. Mélanger délicatement
et saupoudrer de graines de pavot.

Portions : 4
Préparation : 10 minutes

Salade de crevettes
et de pommes de terre

FANTAISIE GOURMANDE

250 ml (1 t.) de dindon cuit, en cubes
20 crevettes moyennes cuites
500 ml (2 t.) de pommes de terre cuites, en dés
175 ml ($^3/_4$ t.) de céleri émincé
30 ml (2 c. à soupe) d'oignons verts ou de
ciboulette émincés
30 ml (2 c. à soupe) de persil frais haché ou
10 ml (2 c. à thé) séché
125 ml ($^1/_2$ t.) de mayonnaise
30 ml (2 c. à soupe) de crème sure
5 ml (1 c. à thé) d'épices cajun
laitue et mesclun

Dans un grand bol, mélanger le dindon, les crevettes (en garder quelques-unes pour garnir), les pommes de terre, le céleri, les oignons verts et le persil. Dans un petit bol, mélanger la mayonnaise, la crème sure et les épices cajun. Verser sur la préparation de dindon et mélanger délicatement. Servir sur des feuilles de laitue et de mesclun. Garnir avec les crevettes réservées.

Portions : 4
Préparation : 20 minutes

Cuisi-truc

Le mesclun est un mélange de jeunes laitues.

Pour diminuer la teneur en matières grasses de cette vinaigrette, substituez la moitié de la mayonnaise par du yogourt nature. Utilisez la même stratégie pour vos trempettes !

*Pour sauver du temps,
les légumineuses en
conserve n'ont pas leur
pareil. Si vous avez le
temps, préparez-les
vous-même. Faites tremper
250 ml (1 t.) de pois
chiches dans 750 ml (3 t.)
d'eau froide toute la nuit.
Égouttez, ajoutez 1 Litre
(4 t.) d'eau fraîche,
couvrez et portez à
ébullition. Réduisez
la chaleur et faites
cuire à feu doux,
1 heure à 1¹/₂ heure.*

Salade tiède de pois chiches et de poivrons

CHICHE, MARMITON?

540 ml (1 boîte de 19 oz) de pois chiches
en conserve, rincés et égouttés
ou 500 ml (2t.) de pois chiches frais
50 ml (¹/₄ t.) d'huile d'olive
1 poivron vert et 1 poivron rouge
évidés, en lanières
1 tomate épépinée en cubes
1 gousse d'ail émincée
30 ml (2 c. à soupe) d'oignons verts
hachés finement
1 piment Jalapeño évidé, en petits morceaux
30 ml (2 c. à soupe) de vinaigre balsamique
2 ml (¹/₂ c. à thé) de poudre de cari

Dans un grand poêlon, faire chauffer l'huile
et cuire les lanières de poivrons 3 à 4 minutes.
Ajouter la tomate, l'ail, les oignons verts
et le piment, cuire 1 à 2 minutes. Ajouter
le vinaigre balsamique, les pois chiches à
la salade chaude. Saupoudrer de cari et
bien mélanger. Servir tiède.

Portions : 4 à 6
Préparation : 10 minutes
Cuisson : 10 minutes

Christian Lacroix

Salade tiède de pois chiches
et de poivrons

Bruschetta

Bruschetta

DU PAIN SUR LA PLANCHE

250 ml (1 t.) de petits cubes
de dindon cuit d'environ 1 cm ($^{1}/_{2}$ po)
30 ml (2 c. à soupe) d'huile végétale
2 gousses d'ail émincées
8 tranches de pain baguette
de 2,5 cm (1 po) d'épaisseur
1 tomate coupée en petits cubes
250 ml (1 t.) de mozzarella râpé
45 ml (3 c. à soupe) de parmesan
5 ml (1 c. à thé) de basilic séché
ou 4 feuilles de basilic frais
30 ml (2 c. à soupe) de persil frais haché
1 ml ($^{1}/_{4}$ c. à thé) de poivre
sauce Tabasco au goût

Mélanger l'huile et l'ail ensemble, badigeonner sur les tranches de pain et faire dorer au four des deux côtés. Mélanger le dindon, la tomate, le mozzarella, le parmesan, le basilic, le persil, le poivre et la sauce Tabasco. Étendre le mélange sur le pain. Faire griller au four, jusqu'à ce que le fromage soit fondu.

Portions : 4
Préparation : 15 minutes
Cuisson : 15 minutes

Dominique Malaterre/Tilt Inc.

Cuisi-truc

Pour un dîner rapide et léger, préparez le mélange de tomates et de fromage à l'avance et gardez-le au réfrigérateur. Pour compléter ce délicieux repas, accompagnez la bruschetta d'une bonne salade maison.

Terrine de légumes muscadée

LES LÉGUMES FONT BLOC

250 g (¹/₂ lb) de dindon haché
125 ml (¹/₂ t.) chacun de carotte, courgette,
pois mange-tout et navet, hachés finement
1 pincée de curcuma
2 blancs d'œufs
50 ml (¹/₄ t.) de crème 15 % m.g.
2 pincées de muscade
sel et poivre au goût
125 ml (¹/₂ t.) de mayonnaise
5 ml (1 c. à thé) de moutarde de Dijon
50 ml (¹/₄ t.) de basilic frais haché ou
30 ml (2 c. à soupe) de basilic séché

Dans une petite casserole, blanchir les carottes dans l'eau salée bouillante, 1 minute. Blanchir la courgette et les pois mange-tout 15 secondes. Blanchir les navets avec le curcuma 1 minute. Bien égoutter les légumes. Dans un bol, mélanger le dindon haché, les blancs d'œufs, la crème, la muscade et les légumes. Saler et poivrer. Dans un petit moule rectangulaire, étendre une pellicule plastique. Ajouter la préparation de dindon et légumes dans le moule et presser. Dans un plat peu profond, ajouter environ 4 cm (1¹/₂ po) d'eau. Déposer le moule rectangulaire dans ce plat et couvrir de papier d'aluminium. Cuire au four à 180 °C (350 °F) 1 heure 15 minutes. Dans un bol, combiner la mayonnaise, la moutarde de Dijon et le basilic. Sur un lit de laitue, servir de fines tranches de terrine avec la mayonnaise au basilic.

Portions : 4
Préparation : 20 minutes
Cuisson : 1 heure 15 min

Tomates cerises
farcies à la ratatouille

BOUCHÉES DOUBLES

60 g (2 oz) de dindon en cubes
de 1 cm (¹/₂ po)
24 tomates cerises
30 ml (2 c. à soupe) d'oignon haché finement
15 ml (1 c. à soupe) d'huile d'olive
50 ml (¹/₄ t.) chacun d'aubergine
et de courgette hachées finement
30 ml (2 c. à soupe) chacun de poivrons vert,
rouge et jaune hachés finement
1 gousse d'ail émincée
10 ml (2 c. à thé) de pesto (voir p. 139)
2 ml (¹/₂ c. à thé) chacun d'origan et de thym
sel et poivre au goût

Bien laver les tomates cerises. Couper une fine tranche sous la tomate afin de lui faire une base. Couper le dessus de la tomate et la vider à l'aide d'une cuillère. Réserver. Dans une petite casserole, faire bouillir de l'eau salée et blanchir le dindon 30 secondes. Dans un poêlon, cuire l'oignon dans l'huile 1 minute. Ajouter le dindon, l'aubergine, la courgette, les poivrons, l'ail et faire revenir 30 secondes. Incorporer le pesto, l'origan et le thym. Cuire 5 minutes à feu doux. Saler et poivrer. Retirer du feu et laisser refroidir. Répartir la garniture dans les tomates cerises. Les tomates peuvent être servies chaudes ou froides. Les réchauffer au four à 180 °C (350 °F) 5 minutes.

Portions : 4
Préparation : 20 à 25 min
Cuisson : 10 minutes

Cuisi-truc

Blanchir la viande permet de la garder tendre et juteuse.

La ratatouille de dindon : faites-en un repas express ! Utilisez 500 g (1 lb) de dindon en cubes, 250 ml (1 t.) d'aubergine et de courgettes, 125 ml (¹/₂ t.) de poivrons vert, rouge et jaune, 15 ml (1 c. à soupe) de basilic et 5 ml (1 c. à thé) de thym et d'origan. Faites cuire selon la recette précédente et servez sur un lit de riz, de pâtes ou de couscous.

Baluchon de volaille au poivre vert
et confit d'oignons

Baluchon de volaille au poivre vert et confit d'oignons

AUX PETITS OIGNONS

250 g (½ lb) de dindon haché
10 ml (2 c. à thé) de poivre vert en grains
30 ml (2 c. à soupe) d'oignon haché finement
15 ml (1 c. à soupe) de moutarde de Dijon
1 blanc d'œuf
30 ml (2 c. à soupe) d'huile d'olive
sel et poivre au goût
50 ml (¼ t.) de beurre fondu
4 feuilles de pâte filo
3 oignons moyens en lanières
250 ml (1 t.) de vin rouge
15 ml (1 c. à soupe) de sirop d'érable
10 ml (2 c. à thé) de sucre
2 ml (½ c. à thé) de thym

Dans un grand bol, mélanger le dindon haché, le poivre vert, l'oignon, la moutarde de Dijon et le blanc d'œuf. Dans un poêlon, faire cuire la préparation dans l'huile 2 minutes à feu vif. Saler et poivrer. Bien émietter et réserver. Badigeonner de beurre les feuilles de pâte filo. Les superposer l'une sur l'autre, et les couper en quatre rectangles. Déposer la préparation de dindon au centre de chaque rectangle et bien refermer en baluchon. Cuire au four à 200 °C (400 °F) 20 à 25 minutes.

Dans un grand poêlon, mélanger les oignons, le vin rouge, le sirop d'érable, le sucre et le thym. Amener à ébullition. Laisser mijoter 20 minutes à feu doux.

Servir les feuilletés accompagnés du confit d'oignons chaud.

Portions : 4
Préparation : 20 minutes
Cuisson des feuilletés : 20 à 25 minutes
Cuisson du confit d'oignons : 20 minutes

Christian Lacroix

*On retrouve les tomates
séchées au comptoir
des fruits et légumes frais
et dans les épiceries fines.
Si elles sont trop dures,
trempez-les dans l'eau
bouillante 30 secondes.
Elles se vendent aussi
baignées dans des huiles
aromatisées aux herbes
et sont alors plus tendres.*

*Une quiche repas?
Pourquoi pas. Remplacez
alors les petites pâtes à
quiche par une seule grande
pâte de 8 po (20 cm),
préparez la même garniture
et le tour est joué.
Accompagnée d'une salade
de verdures et d'une tranche
de pain de blé entier,
vous avez un repas complet.*

Quiche aux tomates séchées et fromage de chèvre

LA MAIN À LA PÂTE

250 g ($^1/_2$ lb) de dindon cru en cubes
de 1 cm ($^1/_2$ po)
8 pâtes à quiche de 10 cm (4 po) chacune
2 œufs
250 ml (1 t.) de lait
15 ml (1 c. à soupe) de parmesan
1 pincée de muscade
50 ml ($^1/_4$ t.) d'oignons hachés finement
15 ml (1 c. à soupe) d'huile d'olive
125 ml ($^1/_2$ t.) de tomates séchées
hachées finement
50 ml ($^1/_4$ t.) de fromage
de chèvre frais émietté
50 ml ($^1/_4$ t.) de mozzarella râpé
30 ml (2 c. à soupe) d'oignons verts
hachés finement
10 ml (2 c. à thé) de beurre
50 ml ($^1/_4$ t.) de vin blanc
125 ml ($^1/_2$ t.) de crème 10 % m.g.
30 ml (2 c. à soupe) de basilic frais haché
ou 15 ml (1 c. à soupe) de basilic séché
5 ml (1 c. à thé) de jus de citron
sel et poivre au goût

Cuire les pâtes à quiche au four à 150 °C (300 °F) 5 minutes. Battre les œufs avec le lait, le parmesan et la muscade. Réserver. Dans un poêlon, faire revenir à feu vif les oignons dans l'huile quelques secondes. Réduire à feu moyen. Ajouter le dindon et les tomates séchées. Cuire 2 à 3 minutes. Retirer du feu. Faire fondre le fromage de chèvre dans la préparation. Garnir chacune des pâtes à quiche de la préparation de dindon et recouvrir du mélange d'œufs battus. Saupoudrer de mozzarella. Cuire au four, à 180 °C (350 °F), 40 minutes, ou jusqu'à ce qu'un couteau inséré au centre en ressorte propre. Entretemps, faire revenir à feu vif les oignons verts dans le beurre. Ajouter le vin blanc et laisser mijoter 1 minute. Ajouter la crème, le basilic et cuire 10 minutes à feu doux. Incorporer le jus de citron. Saler et poivrer. Pour servir, verser du coulis dans le fond de chaque assiette et y déposer une quiche.

Portions : 8
Préparation : 20 minutes
Cuisson : 50 minutes

Christian Lacroix

Quiche aux tomates séchées
et fromage de chèvre

Trempette pour tacos

CARAMBA!

1 paquet de 250 g (½ lb) de
fromage à la crème ramolli
15 ml (1 c. à soupe) de mayonnaise
30 ml (2 c. à soupe) de crème sure
15 ml (1 c. à soupe) de sauce Worcestershire
2 ml (½ c. à thé) de sauce Tabasco
350 ml (1¼ t.) de salsa mexicaine
4 à 6 oignons verts hachés
1 poivron vert haché
1 grosse tomate en dés, égouttée
375 ml (1½ t.) de cheddar fort râpé
croustilles de maïs ou tacos

Au robot culinaire ou à la main, mélanger le fromage à la crème, la mayonnaise, la crème sure, les sauces Worcestershire et Tabasco. Déposer dans le fond d'une grande assiette à tarte. Réfrigérer au moins 1 heure. Sortir 20 minutes avant de servir. Verser la salsa sur le fromage. Étendre les oignons verts, le poivron et la tomate. Garnir de fromage et entourer de croustilles de maïs.

Portions : 15 à 20 personnes
Préparation : 15 minutes
Réfrigération : 1 heure

Cretons de Suzanne

MON SECRET DE FAMILLE

1,5 kg (3 lb) de dindon haché
3 à 4 oignons moyens
1 L (4 t.) de bouillon de volaille
15 ml (1 c. à soupe) de sel
2 ml ($^{1}/_{2}$ c. à thé) de poivre
2 grosses gousses d'ail émincées
1 feuille de laurier
2 ml ($^{1}/_{2}$ c. à thé) de thym

Mettre tous les ingrédients dans une casserole moyenne de fonte émaillée ou une casserole à fond épais. Bien mélanger. Couvrir et cuire à feu moyen 10 minutes. Défaire la viande à la fourchette et remettre à cuire environ 2 heures en évitant d'ouvrir le couvercle. Le liquide doit être évaporé et la viande un peu collée au fond de la casserole, c'est le secret. Sinon retirer le couvercle et augmenter la chaleur jusqu'à évaporation complète. Retirer du feu et ôter la feuille de laurier. Rectifier l'assaisonnement. Fouetter à la mixette ou au mélangeur. Réfrigérer ou congeler.

Préparation : 10 minutes
Cuisson : 2 heures 15 min

Cuisi-truc

C'est juste une farce! Mélangez 125 ml ($^{1}/_{2}$ t.) de cretons avec 15 ml (1 c. à soupe) de moutarde de Dijon et 50 ml ($^{1}/_{4}$ t.) de chapelure. Farcissez-en 8 gros champignons et faites cuire au four à 200 °C (400 °F), 5 minutes. Drôlement bon!

Tranches de dindon aux canneberges

Christian Lacroix

Allez hop! L'exploration se poursuit
au pays des saveurs. Pour un peu, vous
vous sentez grand chef cuisinier.
En deux temps, trois mouvements, devenez
l'auteur de plats de rois : rôtis, raviolis
ou ragoûts n'ont plus de secrets pour vous !

LES PLATS PRINCIPAUX

Dans vos recettes, substituez les escalopes de veau par les escalopes de dindon qui sont moins chères. À défaut d'escalopes, tranchez finement de la poitrine de dindon ou de poulet puis aplatissez les tranches entre 2 feuilles de papier ciré.

Escalopes 4 versions

JAMAIS 3 SANS 4

4 escalopes de dindon ou 4 petits filets aplatis
sel et poivre au goût
15 ml (1 c. à soupe) d'huile d'olive
15 ml (1 c. à soupe) de beurre
ou de margarine

La première

2 ml (¹/₂ c. à thé) de poudre de chili
1 avocat mûr, pelé et tranché
1 grosse tomate épépinée, en dés
4 tranches de fromage Oka

La deuxième

125 ml (¹/₂ t.) de jus d'orange
30 ml (2 c. à soupe) de graines de sésame

La troisième

30 ml (2 c. à soupe) de miel
jus de 2 limes
50 ml (¹/₄ t.) d'amandes effilées

La quatrième

50 ml (¹/₄ t.) de rhum
1 banane en rondelles

Pour toutes ces recettes, saler et poivrer les escalopes. Chauffer l'huile, ajouter le beurre et saisir à feu vif, 1 à 2 minutes de chaque côté, selon l'épaisseur de l'escalope.

La première

Au moment de saisir les escalopes, les saupoudrer de poudre de chili. Garnir chaque escalope d'avocat et de tomates, couvrir avec une tranche de fromage. Passer sous le gril quelques instants pour gratiner.

La deuxième

Passer les escalopes dans le jus d'orange puis dans les graines de sésame. Saisir.

La troisième

Faire fondre le miel dans le jus de lime. Passer les escalopes dans ce mélange puis dans les amandes effilées. Saisir.

La quatrième

Passer les escalopes dans le rhum et les saisir d'un seul côté. Retourner et déposer des tranches de bananes sur les escalopes. Pour faire dorer les bananes, passer les escalopes sous le gril.

Portions : 4
Préparation : 5 minutes
Cuisson : 4 à 6 minutes

Tranches de dindon aux canneberges

PERLE ROUGE

6 tranches de dindon de 120 à 180 g
(4 à 6 oz) chacune ou 400 g de poitrine
de dindon désossée sans peau en tranches
de 1 à 2,5 cm (1/2 à 1 po) d'épaisseur
75 ml (1/3 t.) de farine assaisonnée de sel
et de poivre
45 ml (3 c. à soupe) de beurre
1 oignon finement haché
125 ml (1/2 t.) de vin blanc sec
45 ml (3 c. à soupe) de vinaigre de framboise
175 ml (3/4 t.) de crème 35 % m.g.
250 ml (1 t.) de canneberges fraîches
ou en conserve
sel et poivre au goût

Saupoudrer les tranches de dindon de farine assaisonnée. Dans une casserole, faire fondre le beurre à feu moyen, puis saisir les tranches de 2 à 3 minutes de chaque côté. Ajouter l'oignon, le vin et le vinaigre. Bien mélanger et porter à ébullition avant de verser la crème, puis de réduire le feu. Incorporer les canneberges et laisser mijoter à découvert jusqu'à ce que la viande soit cuite (de 3 à 5 minutes). Retirer les tranches et les réserver au chaud. Faire cuire la sauce à feu moyen/ fort jusqu'à épaississement. Assaisonner. Napper les tranches de dindon de cette sauce et servir.

Portions: 6
Préparation: 5 minutes
Cuisson: 10 minutes

Filets de truite à la mayonnaise

COUP DE FILET

4 filets de truite
sel et poivre au goût
8 feuilles de basilic frais, hachées ou
5 ml (1 c. à thé) séché
125 ml (½ t.) de mayonnaise
50 ml (¼ t.) de persil frais, haché finement
30 ml (2 c. à soupe) de câpres

Déposer les filets de truite sur une plaque à biscuits. Saler, poivrer et assaisonner de basilic. Étendre délicatement la mayonnaise sur les filets, de façon à ce qu'ils soient recouverts d'une mince couche. Au centre de chaque filet (sur le sens de la longueur), déposer une rangée de câpres bordée de 2 rangées de persil haché. Cuire sous le gril environ 4 minutes, selon l'épaisseur du poisson, ou jusqu'à ce que le poisson se défasse à la fourchette.

Portions : 4
Préparation : 10 minutes
Cuisson : 4 minutes

*Traditionnellement,
on accompagne les pâtes
de pain à l'ail mais
laissez-vous plutôt tenter
par cette exquise
alternative! Mélanger
75 ml (¹/₃ t.) d'huile d'olive,
2 gousses d'ail émincées,
10 ml (2 c. à thé) chacun
de marjolaine et de romarin
et 3 gouttes de sauce
Tabasco. Badigeonner
sur des tranches de pain
baguette et griller au four.*

*Égouttez les pâtes dès
que la cuisson est terminée,
sinon elles continuent
à cuire. Dans ce cas-ci,
rincez-les à l'eau chaude
afin qu'elles conservent
leur chaleur.*

Tortellinis aux épinards et à la tomate

TORTELLINIS SANS CHICHI

500 g (1 lb) de tortellinis
125 ml (¹/₂ t.) d'oignons hachés finement
15 ml (1 c. à soupe) d'huile végétale
250 ml (1 t.) d'épinards frais hachés
1 sachet de crème d'épinards préparée selon
le mode d'emploi indiqué sur l'emballage
30 ml (2 c. à soupe) de crème 15 % m.g.
1 tomate épépinée, en dés

Cuire les tortellinis selon le mode d'emploi indiqué sur l'emballage. Réserver. Dans une casserole, cuire l'oignon dans l'huile. Ajouter les épinards et la crème d'épinards. Amener à ébullition. Incorporer la crème. Verser sur les tortellinis et ajouter la tomate au moment de servir.

Portions : 4
Préparation : 5 minutes
Cuisson : 15 minutes

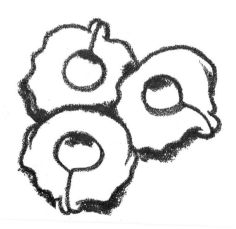

Macaroni Calgary

CÔTÉ OUEST

250 ml (1 t.) de macaroni
250 ml (1 t.) de dindon cuit et coupé en dés
284 ml (1 boîte de 10 oz) de
crème de champignons ou de poulet
125 ml ($^1/_2$ t.) de crème sure
125 ml ($^1/_2$ t.) de bouillon de volaille
ou de vin blanc
50 ml ($^1/_4$ t.) chacun de bouquets de brocoli,
de tranches de carottes et de grains de maïs
sel, poivre et sel de céleri au goût
1 ml ($^1/_4$ c. à thé) de poudre de cari
250 ml (1 t.) de cheddar, de gruyère,
de mozzarella ou de parmesan râpé

Cuire le macaroni selon le mode de cuisson indiqué sur l'emballage. Égoutter et mettre dans un plat à gratin avec le dindon, la crème de champignons, la crème sure, le bouillon de volaille et les légumes. Saler, poivrer et assaisonner de sel de céleri et de poudre de cari. Bien mélanger sans briser les pâtes et les légumes. Ajouter la moitié du fromage et mélanger. Saupoudrer le reste du fromage sur le dessus du plat. Cuire au four à 180 °C (350 °F) de 20 à 30 minutes. On peut aussi cuire au micro-ondes, à puissance moyenne, 10 minutes.

Portions : 4
Préparation : 10 minutes
Cuisson : 20 à 30 minutes au four
          10 minutes au micro-ondes

Escalope de dindon à la milanaise

Escalopes de dindon à la milanaise

CLASSIQUE!

4 escalopes de dindon de 120 à 180 g
(4 à 6 oz) chacune
2 œufs battus
50 ml ($^1/_4$ t.) de parmesan
sel et poivre au goût
50 ml ($^1/_4$ t.) de farine tout usage
30 ml (2 c. à soupe) d'huile végétale
50 ml ($^1/_4$ t.) d'oignon haché
1 gousse d'ail émincée
15 ml (1 c. à soupe) d'huile d'olive
50 ml ($^1/_4$ t.) de bouillon de volaille
796 ml (1 boîte de 28 oz)
de tomates étuvées en conserve
15 ml (1 c. à soupe) d'origan séché
7 ml ($1^1/_2$ c. à thé) de basilic séché
6 gouttes de sauce Tabasco
15 ml (1 c. à soupe) de sucre

Battre les œufs avec le parmesan, saler et poivrer. Enfariner les escalopes et les tremper dans la préparation aux œufs. Dans un poêlon, cuire dans l'huile à feu moyen-élevé 1 à 2 minutes de chaque côté ou jusqu'à ce qu'elles perdent leur teinte rosée.

Dans un poêlon, faire revenir l'oignon et l'ail à feu vif, dans l'huile 2 minutes. Ajouter le bouillon, les tomates, l'origan, le basilic, le Tabasco et le sucre. Laisser mijoter 5 minutes à feu doux. Au robot culinaire ou au mélangeur, réduire la sauce jusqu'à consistance homogène. Napper les escalopes et servir.

Portions : 4
Préparation : 10 minutes
Cuisson : 10 minutes

Christian Lacroix

Cuisi-truc

Ajoutez des herbes et des épices à la farine : basilic, marjolaine, origan, poivre fraîchement moulu, poudre de chili, poudre d'ail, romarin, sauge ou thym. Essayez une nouvelle combinaison à chaque fois pour une nouvelle expérience gustative !

Burgers au cheddar

À CROQUER!

500 g (1 lb) de dindon haché
1 œuf moyen légèrement battu
15 ml (1 c. à soupe) de romarin frais haché ou
5 ml (1 c. à thé) de romarin séché
15 ml (1 c. à soupe) de tomates séchées,
hachées finement
2 ml ($\frac{1}{2}$ c. à thé) de poudre d'ail
4 oignons verts hachés
50 ml ($\frac{1}{4}$ t.) de cheddar fort râpé
125 ml ($\frac{1}{2}$ t.) de chapelure italienne
poivre au goût

Dans un bol, mélanger le dindon haché et l'œuf. Ajouter un à un le romarin, les tomates séchées, la poudre d'ail, les oignons verts, le cheddar, la chapelure et le poivre. Bien mélanger avec les doigts et façonner 4 croquettes. Cuire à feu moyen 6 à 8 minutes.

Portions : 4
Préparation : 10 minutes
Cuisson : 8 minutes

Burgers aux amandes grillées

VARIANTE

500 g (1 lb) de dindon haché
1 œuf moyen, légèrement battu
15 ml (1 c. à soupe) de thym frais
125 ml ($\frac{1}{2}$ t.) d'amandes hachées et grillées
sel et poivre au goût
15 ml (1 c. à soupe) de moutarde de Dijon
15 ml (1 c. à soupe) de miel

Procéder de la même façon que pour la recette précédente.

Portions : 4
Préparation : 10 minutes
Cuisson : 10 minutes

Côte de veau, sauce forestière

L'APPEL DE LA FORÊT

4 côtelettes de veau de 180 g (6 oz) chacune
1 oignon haché finement
15 ml (1 c. à soupe) de beurre
375 ml (1½ t.) de champignons émincés
1 sachet de sauce demi-glace préparée
selon le mode d'emploi indiqué sur l'emballage
15 ml (1 c. à soupe) d'huile végétale
15 ml (1 c. à soupe) de beurre
50 ml (¼ t.) de bouillon de volaille
50 ml (¼ t.) de crème 15 % m.g.

Dans une petite casserole, cuire l'oignon dans le beurre à feu moyen-vif. Ajouter les champignons et cuire 1 minute. Incorporer la demi-glace. Réserver.

Dans une cocotte, saisir les côtelettes de veau à feu vif, dans l'huile et le beurre. Ajouter le bouillon. Cuire au four à 180 °C (350 °F) 3 minutes. Incorporer la sauce et la crème, cuire 3 minutes.

Portions : 4
Préparation : 15 minutes
Cuisson : 7 minutes

Cuisi-truc

Vous pouvez remplacer la crème dans cette recette par un mélange de 5 ml (1 c. à thé) chacun de beurre et de farine, 125 ml (½ t.) de lait, une pincée de muscade et du poivre. Préparez comme une sauce béchamel. Laissez mijoter 5 minutes. Ajoutez cette préparation au même moment que la sauce et cuire 5 minutes.

Chop suey

CHINOISERIE

500 g (1 lb) de dindon en lanières
ou de poitrine désossée sans peau
125 ml (½ t.) d'oignon haché
125 ml (½ t.) de poivron vert en lanières
250 ml (1 t.) de céleri coupé en biseau
1 gousse d'ail émincée
10 ml (2 c. à thé) d'huile végétale
500 ml (2 t.) de fèves germées
125 ml (½ t.) de champignons tranchés
30 ml (2 c. à soupe) de sauce soya
légère ou de sauce Tamari
45 ml (3 c. à soupe) de coriandre fraîche

Dans un grand poêlon, faire revenir l'oignon, le poivron vert, le céleri et l'ail dans l'huile. Ajouter les fèves germées et les champignons, cuire tout juste pour attendrir. Réserver. Dans le même poêlon, cuire le dindon 4 à 5 minutes. Ajouter la sauce soya et les légumes réservés. Couvrir et cuire 1 à 2 minutes. Au moment de servir, ajouter la coriandre.

Portions : 4
Préparation : 10 minutes
Cuisson : 15 minutes

Cuisi-truc

Vous pouvez remplacer la sauce soya par de la sauce Tamari. La sauce soya est fabriquée avec un mélange de fèves de soya et de blé tandis que la sauce Tamari ne contient pas de blé. On peut se procurer de la sauce soya légère qui contient moins de sel. La coriandre possède une légère saveur d'anis et de carvi. On l'ajoute juste au moment de servir pour conserver le maximum de saveur.

Filets de dindon, sauce mandarine

FILEZ DOUX!

2 filets de dindon de 120 à 180 g
(4 à 6 oz) chacun
284 ml (1 boîte de 10 oz) de quartiers
de mandarines non égouttées
7 ml (1½ c. à thé) d'oignons verts émincés
7 ml (1½ c. à thé) de gingembre frais,
pelé et râpé ou 2 ml (½ c. à thé) en poudre
10 ml (2 c. à thé) de zeste de mandarine
2 ml (½ c. à thé) de flocons de
piments broyés (facultatif)
125 ml (½ t.) de bouillon de volaille
5 ml (1 c. à thé) de sauce soya
15 ml (1 c. à soupe) de vinaigre
2 ml (½ c. à thé) de sel
15 ml (1 c. à soupe) de fécule de maïs
30 ml (2 c. à soupe) d'eau froide
tranches de kiwis et de fraises

Dans une casserole, mélanger les quartiers de mandarine, les oignons verts, le gingembre, le zeste de mandarine, les piments, le bouillon de volaille, la sauce soya, le vinaigre et le sel. Porter à ébullition et faire mijoter 1 à 2 minutes. Délayer la fécule dans l'eau froide et l'incorporer au liquide qui mijote. Cuire jusqu'à ce que la sauce épaississe et soit translucide. Dans un poêlon, faire dorer les filets à feu moyen, environ 8 minutes ou jusqu'à ce que la teinte rosée ait disparu, en les retournant à mi-cuisson. Trancher les filets de dindon. Napper de sauce et décorer de tranches de kiwis et de fraises.

Portions : 4
Préparation : 5 minutes
Cuisson : 20 minutes

Filets de dindon, sauce mandarine

Minipizzas

Penne salsa rosa

LA VIE EN ROSE

175 ml (³/4 t.) de julienne de dindon fumé
ou de dindon cuit
1 L (4 t.) de penne
30 ml (2 c. à soupe) d'oignon haché
1 gousse d'ail émincée
15 ml (1 c. à soupe) d'huile d'olive
50 ml (¹/4 t.) de bouillon de volaille
250 ml (1 t.) de tomates étuvées en conserve
15 ml (1 c. à soupe) d'origan
5 ml (1 c. à thé) de basilic
3 gouttes de sauce Tabasco
10 ml (2 c. à thé) de sucre
15 ml (1 c. à soupe) de beurre
15 ml (1 c. à soupe) de farine tout usage
125 ml (¹/2 t.) de lait

Cuire les pâtes selon le mode d'emploi indiqué sur l'emballage. Dans un poêlon, faire revenir l'oignon et l'ail à feu vif dans l'huile 2 minutes. Ajouter le bouillon, les tomates, l'origan, le basilic, le Tabasco et le sucre. Mijoter 5 minutes à feu doux. Au robot culinaire ou au mélangeur, réduire la sauce en purée.

Dans une casserole, mélanger le beurre et la farine à feu doux, jusqu'à consistance homogène. Incorporer le lait et brasser jusqu'à épaississement. Laisser mijoter 5 minutes. Ajouter la sauce aux tomates et la dinde. Bien mélanger. Verser sur les pâtes et servir.

Portions : 4
Préparation : 10 minutes
Cuisson : 15 minutes

Minipizzas

LIVRAISON GRATUITE

500 g (1 lb) de poitrine
ou hauts de cuisse de dindon désossé,
sans peau, coupé en petits morceaux
10 ml (2 c. à thé) d'huile végétale
50 ml (¹/4 t.) de pâte de tomates
30 ml (2 c. à soupe) d'huile d'olive
15 ml (1 c. à soupe) de basilic frais, haché
ou 7 ml (1¹/2 c. à thé) de basilic séché
poivre au goût
4 pains kaiser
2 tomates en tranches
1 poivron rouge en dés de 1 cm (¹/2 po)
375 ml (1¹/2 t.) de mozzarella râpé

Dans un poêlon, faire revenir le dindon dans l'huile 5 à 7 minutes. Dans un petit bol, mélanger la pâte de tomates et la moitié de l'huile d'olive et du basilic. Poivrer. Couper les pains kaiser en deux, tartiner chaque moitié de cette préparation et y déposer une tranche de tomate. Ajouter le dindon, les dés de poivrons et recouvrir de fromage. Saupoudrer du reste de basilic et verser un peu d'huile d'olive sur chaque demi-pain. Placer sous un gril chaud et faire cuire 3 à 4 minutes. Servir avec une salade verte.

Portions : 4
Préparation : 15 minutes
Cuisson : 10 minutes

Christian Lacroix

Pâté chinois

COMME À PÉKIN?

500 g (1 lb) de dindon haché
1 oignon moyen haché
125 ml (¹/2 t.) de poivron vert ou rouge haché
15 ml (1 c. à soupe) d'huile d'olive
5 ml (1 c. à thé) de beurre
30 ml (2 c. à soupe) de sauce Worcestershire
sel et poivre au goût
50 ml (¹/4 t.) de bouillon de volaille (facultatif)
398 ml (1 boîte de 14 oz) de maïs en crème
199 ml (1 boîte de 7 oz)
de maïs en grains égoutté
sel et poivre au goût
4 grosses pommes de terre en purée,
chaudes et bien assaisonnées

Dans un poêlon, cuire l'oignon et le poivron dans l'huile et le beurre, jusqu'à tendreté. Ajouter le dindon et défaire à la fourchette. Quand la viande a perdu sa couleur rosée, ajouter la sauce Worcestershire, le sel et le poivre. Si la viande semble sèche, l'humecter de bouillon de volaille. Déposer dans un plat allant au four. Dans le poêlon, réchauffer le maïs en crème et en grains. Verser sur la viande et couvrir avec la purée de pommes de terre. Égaliser à l'aide d'un couteau ou d'une fourchette. Faire dorer sous le gril à environ 20 cm (8 po) de la source de chaleur.

Portions: 4
Préparation: 20 minutes
Cuisson: 5 minutes

Burgers à la florentine

BONS BAISERS DE FLORENCE

500 g (1 lb) de dindon haché
50 ml (¹/4 t.) de mayonnaise légère
250 ml (1 t.) d'épinards frais en morceaux
1 oignon moyen haché fin
1 gousse d'ail émincée
1 ml (¹/4 c. à thé) de poivre
30 ml (2 c. à soupe) de sauce Worcestershire
125 ml (¹/2 t.) de chapelure
125 ml (¹/2 t.) de mozzarella râpé
¹/2 poivron rouge en lamelles
4 pains kaiser, coupés en 2

Dans un grand bol, mélanger tous les ingrédients, sauf le mozzarella et le poivron. Façonner 4 à 6 boulettes. Dans un poêlon, saisir de chaque côté et cuire au four à 180 °C (350 °F) 5 minutes. Au barbecue, faire griller les boulettes à 15 cm (6 po) de la source de chaleur, 6 à 8 minutes de chaque côté. Parsemer de mozzarella et de morceaux de poivron rouge. Cuire 2 minutes de plus. Faire dorer les pains kaiser au four. Servir les boulettes dans les pains chauds.

Portions: 4
Préparation: 15 minutes
Cuisson: 10 minutes au four
15 minutes au BBQ

Dominique Malaterre/Tilt Inc.

Burgers à la florentine

Escalopes de volaille, sauce fruitée

Côtelettes de porc à l'ail et à la sauge

SAUGE QUI PEUT!

8 côtelettes de milieu de longe de porc
15 ml (1 c. à soupe) de beurre
15 ml (1 c. à soupe) de farine tout usage
125 ml (^{1}/$_2$ t.) de lait
1 oignon haché finement
5 ml (1 c. à thé) d'huile végétale
50 ml (^{1}/$_4$ t.) de bouillon de volaille
3 gousses d'ail émincées
250 ml (1 t.) de crème 15 % m.g.
125 ml (^{1}/$_2$ t.) de bouillon de volaille
30 ml (2 c. à soupe) de sauge fraîche ou
10 ml (2 c. à thé) de sauge séchée
5 ml (1 c. à thé) d'huile végétale
5 ml (1 c. à thé) de beurre ou de margarine

Dans une petite casserole, mélanger le beurre, la farine et cuire à feu doux. Incorporer le lait et brasser jusqu'à épaississement. Laisser mijoter 5 minutes. Réserver. Dans une casserole, faire revenir l'oignon dans l'huile à feu vif. Ajouter le bouillon, l'ail et laisser réduire de moitié, environ 2 minutes. Incorporer la sauce béchamel réservée, la crème, le bouillon de volaille et la sauge. Laisser mijoter 15 minutes. Dans un poêlon, saisir les côtelettes à feu vif dans l'huile et le beurre, 1^1/$_2$ minute de chaque côté. Retirer les côtelettes et couler la sauce à travers un tamis dans le poêlon. Ajouter les côtelettes de porc. Laisser mijoter 30 secondes et servir.

Portions : 4
Préparation : 10 minutes
Cuisson : 20 minutes

Cuisi-truc

Si les côtelettes de porc ont tendance à friser en les saisissant, faites une incision au couteau dans la partie grasse de la côtelette. Les côtelettes de porc ne demandent que très peu de cuisson. Si l'on ne dépasse pas les temps de cuisson recommandés dans la recette, la viande devrait être encore un peu rosée et juteuse.

Escalopes de volaille, sauce fruitée

SUCCULENTS CONTRASTES

600 g (1^1/$_4$ lb) de poitrine de dindon désossée
ou 4 escalopes de dindon de 120 à 180 g
(4 à 6 oz) chacune
30 ml (2 c. à soupe) de beurre
15 ml (1 c. à soupe) d'oignon finement haché
125 ml (^{1}/$_2$ t.) de jus d'orange
125 ml (^{1}/$_2$ t.) de jus de canneberges
1 ml (^{1}/$_4$ c. à thé) de thym
sel et poivre au goût

Découper la poitrine en 4 escalopes de 1 cm (^{1}/$_2$ po) d'épaisseur. Dans un poêlon, chauffer le beurre et y saisir les escalopes, 2 minutes de chaque côté. Incorporer tous les autres ingrédients et porter à ébullition. Couvrir et laisser mijoter sur feu moyen environ 5 minutes. Retirer les escalopes de la poêle et mettre de côté. Faire bouillir le jus de cuisson 7 à 8 minutes jusqu'à épaississement pour obtenir environ 175 ml (^{3}/$_4$ t.) de sauce. Napper les escalopes de cette sauce et servir.

Portions : 4
Préparation : 15 minutes
Cuisson : 15 minutes

Cuisi-truc

Avec ses différentes coupes et son léger goût de noisette, le dindon s'apprête de mille et une façons. Sauces fruitées, salées ou épicées, toutes feront l'affaire. Fiez-vous à l'inspiration du moment !

Adrien Duey

Vous n'avez pas accès à un four micro-ondes pour réchauffer votre repas? Essayez cette version froide de dindon, pâtes et légumes. Passez au mélangeur du fromage cottage et du yogourt nature avec un peu de jus de citron et du basilic. Mélangez des pâtes cuites, de l'oignon vert haché, des cubes de dindon cuit, des morceaux d'asperges et de tomates. Ajoutez la sauce et assaisonnez au goût.

Pâtes primavera

LE PRINTEMPS DANS L'ASSIETTE

500 g (1 lb) de dindon,
en dés de 2 cm (³/4 po)
ou 500 ml (2 t.) de dindon cuit, en dés
500 g (1 lb) de spaghetti ou linguine
30 ml (2 c. à soupe) d'huile d'olive
4 gousses d'ail émincées
125 ml (¹/2 t.) d'oignon haché
540 ml (1 boîte de 19 oz) de
tomates en dés, égouttées
50 ml (¹/4 t.) de persil haché
15 ml (1 c. à soupe) de basilic haché
2 ml (¹/2 c. à thé) de sel
30 ml (2 c. à soupe) de câpres
parmesan râpé et poivre au goût

Cuire les pâtes selon le mode de cuisson indiqué sur l'emballage. Dans un poêlon, faire sauter le dindon dans l'huile jusqu'à ce qu'il soit doré. Retirer le dindon. Faire revenir l'ail et l'oignon. Ajouter les tomates, le persil, le basilic, le sel, les câpres et remettre le dindon. Faire mijoter 4 à 5 minutes. Verser sur les pâtes chaudes. Saupoudrer de parmesan et poivrer.

Portions : 4
Préparation : 20 minutes
Cuisson : 10 minutes

Adrien Duey

Pâtes primavera

Dindon à l'orientale

Dindon à l'orientale

SOLEIL LEVANT

500 g (1 lb) de poitrine ou
hauts de cuisse de dindon désossés
30 ml (2 c. à soupe) d'huile végétale
1 oignon moyen en morceaux
2 gousses d'ail émincées
15 ml (1 c. à soupe) de gingembre frais,
pelé et émincé ou 2 ml (1 c. à thé) moulu
2 carottes moyennes en julienne
375 ml (1$^{1}/_{2}$ t.) de bouquets de brocoli
$^{1}/_{2}$ poivron rouge en lamelles
500 ml (2 t.) de bouillon de volaille
45 ml (3 c. à soupe) de sauce soya
30 ml (2 c. à soupe) de jus de citron
75 ml ($^{1}/_{3}$ t.) de fécule de maïs
1 L (4 t.) de pâtes cuites (spaghettini,
vermicelles, etc.)
125 ml ($^{1}/_{2}$ t.) d'amandes émondées,
effilées (ou arachides)

Couper les poitrines de dindon en lanières
de 5 cm x 1 cm (2 po x $^{1}/_{2}$ po). Dans un poêlon
ou un wok, les saisir dans l'huile 2 minutes.
Ajouter l'oignon, l'ail et le gingembre. Cuire
3 à 4 minutes. Ajouter les carottes, le brocoli,
le poivron et le bouillon. Couvrir et cuire
2 à 3 minutes. Délayer ensemble la sauce soya,
le jus de citron et la fécule de maïs. Incorporer
au mélange de dindon. Cuire à feu moyen,
en remuant jusqu'à ce que la sauce épaississe.
Servir sur les pâtes de votre choix. Garnir
d'amandes ou d'arachides.

Portions : 4
Préparation : 20 minutes
Cuisson : 15 minutes

*Laissez cuisiner votre
imagination en variant
les ingrédients de la recette
de dindon à l'orientale.
Servez le mélange de dindon
sur du riz, du couscous
ou des fèves germées.
Profitez de la variété
des légumes de saison et
essayez les haricots verts,
le poivron jaune, le
chou-fleur... Au lieu des
amandes ou des arachides,
optez pour des noix
de cajou, des graines de
tournesol ou de sésame !*

Adrien Duey

Raviolis, sauce aux poireaux

UNE ENVIE D'ITALIE

250 g (¹/₂ lb) de dindon cuit coupé en lanières
500 g (1 lb) de raviolis
125 ml (¹/₂ t.) d'oignon haché finement
5 ml (1 c. à thé) d'huile d'olive
5 ml (1 c. à thé) de beurre
250 ml (1 t.) de poireau haché finement
1 sachet de crème de poireau préparée selon
le mode d'emploi indiqué sur l'emballage
sel et poivre au goût
5 ml (1 c. à thé) d'huile d'olive
5 ml (1 c. à thé) de beurre
375 ml (1¹/₂ t.) de poireau haché finement
1 goutte de Tabasco

Cuire les raviolis selon le mode d'emploi indiqué sur l'emballage. Réserver. Dans une petite casserole, faire revenir l'oignon dans l'huile et le beurre. Ajouter le poireau et la crème de poireau. Saler et poivrer. Au robot culinaire ou au mélangeur, réduire la sauce en purée. Réserver. Dans un poêlon, sauter le dindon à feu élevé dans l'huile et le beurre 30 secondes. Ajouter le poireau, la sauce de poireau et le Tabasco. Déposer les raviolis tièdes dans la préparation, mélanger et servir.

Portions : 4
Préparation : 15 minutes
Cuisson : 25 minutes

Sauté de dindon au cari

SUR LA ROUTE DES INDES

500 g (1 lb) de dindon en lanières
50 ml (¹/₄ t.) d'oignon haché finement
3 branches de céleri en dés
15 ml (1 c. à soupe) de beurre
2 pommes pelées, en dés
125 ml (¹/₂ t.) d'ananas en cubes
15 ml (1 c. à soupe) de farine tout usage
30 ml (2 c. à soupe) de cari
30 ml (2 c. à soupe) de bouillon de volaille
500 ml (2 t.) d'eau
2 bananes en rondelles
15 ml (1 c. à soupe) de beurre
15 ml (1 c. à soupe) d'huile végétale
30 ml (2 c. à soupe) de yogourt nature
ou de lait
30 ml (2 c. à soupe) de noix de coco
grillée (facultatif)

Dans un poêlon, cuire l'oignon et la moitié du céleri dans le beurre 30 secondes. Ajouter la moitié des pommes, les ananas, la farine, le cari, le bouillon de volaille, l'eau et les bananes. Faire mijoter 10 minutes.

Dans un poêlon, cuire le dindon en lanières dans le beurre et l'huile 3 à 4 minutes. Ajouter le reste du céleri et des pommes. Couler la sauce aux fruits dans le poêlon à travers un tamis. Laisser mijoter 4 à 5 minutes. Ajouter le yogourt. Au moment de servir, saupoudrer de noix de coco grillée.

Portions : 4
Préparation : 20 minutes
Cuisson : 20 minutes

Roulade de dindon aux abricots, sauce aux canneberges

DIGNE DINDON!

4 filets de dindon de 180 à 240 g
(6 à 8 oz) chacun
250 g (½ lb) de dindon haché
250 ml (1 t.) d'abricots séchés hachés finement
4 blancs d'œufs
7 ml (1½ c. à thé) chacun de gingembre frais,
pelé et râpé et de muscade
sel et poivre au goût
250 ml (1 t.) de sucre
250 ml (1 t.) de vinaigre de framboise
ou de vinaigre de vin
zeste de deux oranges
zeste d'un citron
500 ml (2 t.) de canneberges entières
fraîches ou surgelées

Dans une grande casserole, amener de l'eau à ébullition. Couper les filets de dindon sur la longueur et bien les ouvrir. Placer les filets ouverts entre 2 pellicules plastiques et les aplatir. Dans un bol, mélanger le dindon haché, les abricots séchés, les blancs d'œufs, le gingembre et la muscade. Bien mélanger. Garnir le centre des filets de la farce d'abricots. Saler et poivrer. Rouler chacun des filets dans une pellicule plastique et bien sceller la pellicule. Recouvrir d'une seconde pellicule plastique puis d'une feuille de papier d'aluminium. Bien sceller. Cuire les filets dans l'eau bouillante 25 minutes.

Dans une petite casserole, mélanger le sucre et le vinaigre. Cuire 2 à 3 minutes à feu doux ou jusqu'à ce que le sucre soit dissous. Ajouter le zeste d'orange et de citron. Cuire 2 à 3 minutes. Incorporer les canneberges et laisser mijoter 6 à 8 minutes. Servir la roulade de dindon en petites tranches garnies de sauce aux canneberges.

Portions : 4
Préparation : 20 minutes
Cuisson de la roulade : 25 minutes
Cuisson de la sauce : 25 minutes

Cuisi-truc

Il est très important, pour ce type de cuisson, de bien sceller les filets dans la pellicule plastique, afin d'éviter que l'eau ne s'infiltre dans le roulé. Laissez les roulades farcies refroidir un peu avant de les couper, les tranches seront mieux réussies.

Vous n'avez pas de canneberges sous la main ? Remplacez-les par une quantité égale de cerises Bing en conserve, ces cerises sucrées, juteuses et de couleur rouge pourpré.

Roulade de sole
aux légumes printaniers

BIEN ROULÉE...

4 filets de sole
175 ml (³/₄ t.) chacun de carotte,
navet et courgette en julienne
50 ml (¹/₄ t.) chacun de poivrons rouge,
jaune et vert en julienne
5 feuilles de thym frais ou
10 ml (2 c. à thé) de thym séché
1 oignon haché
175 ml (³/₄ t.) de crème 15 % m.g.
15 ml (1 c. à soupe) de jus de citron
sel et poivre au goût

Dans un bol, mélanger les carottes, le navet,
les courgettes et les poivrons préalablement
blanchis. Déposer un bouquet de juliennes sur
le filet de sole de façon à pouvoir le rouler.

Une fois roulé, faire une entaille au milieu
du filet en prenant bien soin de ne pas le
trancher complètement. Prendre chaque
extrémité du filet et ouvrir (en soulevant
le centre avec les pouces) de façon à voir
apparaître la julienne de légumes. Placer
dans un plat de cuisson. Ajouter les feuilles
de thym et l'oignon dans le fond du plat.
Couvrir et cuire au four à 180 °C (350 °F)
20 à 25 minutes. Couler le jus de cuisson
dans une petite casserole. Ajouter la crème,
le jus de citron, le sel et le poivre. Laisser
mijoter 15 minutes ou jusqu'à épaississement.
Servir les roulades avec la sauce.

Portions : 4
Préparation : 15 minutes
Cuisson : 35 minutes

Tournedos minute

L'AFFAIRE EST DANS LE SAC

4 tournedos de dindon
2 gousses d'ail émincées
50 ml (¹/₄ t.) de sauce soya
15 ml (1 c. à soupe) d'huile végétale
5 ml (1 c. à thé) de moutarde sèche
1 pincée de thym
1 sac à cuisson « Look »

Mettre les tournedos dans le sac. Ajouter
l'ail, la sauce soya, l'huile, la moutarde et
le thym. Fermer en laissant une ouverture
pour faire sortir la vapeur. Déposer dans
une lèchefrite. Cuire au four à 180 °C
(350 °F) 35 à 40 minutes. Au moment de
servir, si vous désirez impressionner vos
convives, trancher finement les tournedos
sur l'épaisseur et napper de la sauce.

Portions : 4
Préparation : 15 minutes
Cuisson : 35 à 40 minutes

Christian Lacroix

68

Roulade de sole aux légumes printaniers

Gratin de céleri

Rôti du roi

PRÉVENEZ LA REINE !

1 rôti du roi, intérieur de ronde
de 1 à 1,5 kg (2 à 3 lb)
15 ml (1 c. à soupe) d'huile d'olive
15 ml (1 c. à soupe) de beurre
15 ml (1 c. à soupe) de moutarde de Dijon
125 ml (½ t.) de bouillon de bœuf
125 ml (½ t.) de vin rouge
15 ml (1 c. à soupe) de ketchup
15 ml (1 c. à soupe) de sauce Worcestershire
1 gousse d'ail émincée
2 ml (½ c. à thé) de basilic séché
sel et poivre au goût

Dans un poêlon, chauffer l'huile, ajouter le beurre et saisir le rôti de tous les côtés. Retirer du poêlon et badigeonner le dessus de moutarde de Dijon. Déposer dans une petite lèchefrite. Dans un bol, mélanger le bouillon, le vin, le ketchup, la sauce Worcestershire, l'ail, le basilic, le sel et le poivre et ajouter à la viande. Cuire au four préchauffé 15 minutes à 215 °C (425 °F). Diminuer la chaleur à 180 °C (350 °F) et cuire 20 à 25 minutes selon la cuisson désirée.

Portions : 6 à 8
Préparation : 15 minutes
Cuisson : 35 à 40 minutes

Cuisi-truc

Le rôti du roi est une coupe de viande économique puisqu'il n'y a pas de pertes. Faites-le cuire pour le repas du dimanche et vous pourrez faire durer le plaisir toute la semaine en le savourant dans vos lunchs, tranché dans un sandwich avec de la moutarde de Dijon.

Gratin de céleri

LE GRATIN DES GRATINS

425 ml (1¾ t.) de dindon cuit, en cubes
de 2 cm (¾ po)
1 petit pied de céleri en dés de 2 cm (1 po)
30 ml (2 c. à soupe) de beurre
125 ml (½ t.) d'oignon haché finement
30 ml (2 c. à soupe) de farine tout usage
2 ml (½ c. à thé) de moutarde en poudre
150 ml (⅔ t.) de lait
175 ml (¾ t.) de cheddar fort râpé
sel et poivre au goût
45 ml (3 c. à soupe) de chapelure
2 ml (½ c. à thé) de graines de céleri

Recouvrir d'eau salée les dés de céleri et porter à ébullition. Couvrir et laisser mijoter 20 minutes. Égoutter et réserver le jus de cuisson. Dans une casserole, faire fondre le beurre et y cuire l'oignon, à feu doux, 5 minutes. Ajouter la farine et la moutarde. Cuire, en brassant, 1 minute. Retirer du feu. Ajouter graduellement le lait et 150 ml (⅔ t.) du jus de cuisson réservé. Remettre sur le feu et porter à ébullition, en brassant, jusqu'à épaississement. Ajouter les cubes de dindon et incorporer la moitié du cheddar. Saler et poivrer. Déposer le céleri égoutté dans un plat à gratin. Y verser la sauce. Dans un bol, mélanger le reste du cheddar, la chapelure et les graines de céleri. Saupoudrer sur la sauce. Cuire au four à 200 °C (400 °F) 30 minutes.

Portions : 4
Préparation : 20 minutes
Cuisson : 30 minutes

Cuisi-truc

Préparez le gratin de céleri au dindon à l'avance, sans le faire cuire, puis congelez-le. Vous prévoyez rentrer tard à la maison ? Faites dégeler votre gratin au frigo toute la journée puis, le soir venu, suivez les instructions pour la cuisson au four. En 30 minutes, vous aurez un succulent repas, chaud et réconfortant.

Christian Lacroix

Lasagne de courgettes

SANS COURBETTES

2 grosses courgettes tranchées finement
dans le sens de la longueur
30 ml (2 c. à soupe) d'huile d'olive
2 ml (½ c. à thé) d'origan séché
1 pincée de basilic séché
300 ml (1¼ t.) de ricotta
partiellement écrémé
175 ml (¾ t.) de mozzarella
partiellement écrémé râpé
15 ml (1 c. à soupe) de parmesan râpé
375 ml (1½ t.) de sauce à spaghetti au dindon
(voir p. 88) ou de sauce tomate en conserve
2 ml (½ c. à thé) d'origan séché
1 pincée de basilic séché
15 ml (1 c. à soupe) de parmesan râpé

Chauffer l'huile d'olive dans un poêlon à surface antiadhésive et faire revenir les tranches de courgettes saupoudrées d'origan et de basilic. Déposer sur du papier absorbant. Dans un bol, mélanger le ricotta, le mozzarella et une cuillerée à soupe de parmesan râpé. Dans le fond d'un plat à gratin carré de 20 cm (8 po), verser deux cuillerées à soupe de sauce à spaghetti au dindon. Disposer le tiers des tranches de courgettes pour couvrir le fond du plat. Étendre délicatement la moitié du mélange de fromage. Verser la moitié de la sauce à spaghetti qui reste puis mettre une autre rangée de tranches de courgettes. Étendre le reste du fromage puis le reste de la sauce spaghetti. Terminer avec le reste des courgettes. Cuire au four, à 180 °C (350 °F), environ 35 minutes.

Portions : 4
Préparation : 20 minutes
Cuisson : 35 minutes

Ragoût de dindon aux noix de Grenoble, parfumé au miel

TOUT SUCRE, TOUT MIEL !

1,5 kg (3 lb) de hauts de cuisse de dindon
désossés, sans peau
50 ml (¼ t.) de farine tout usage
30 ml (2 c. à soupe) de beurre
30 ml (2 c. à soupe) d'huile végétale
1 oignon haché
150 ml (⅔ t.) de bouillon de volaille
ou de vin blanc
1½ sachet de sauce demi-glace préparée selon
le mode d'emploi indiqué sur l'emballage ou
375 ml (1½ t.) de fond brun (voir p. 138)
125 ml (½ t.) de miel
250 ml (1 t.) de noix de Grenoble hachées
15 ml (1 c. à soupe) de fécule de maïs
125 ml (½ t.) d'eau froide
sel et poivre au goût

Enfariner les hauts de cuisse de dindon. Dans une cocotte, les saisir à feu vif dans le beurre et l'huile. Retirer la viande de la cocotte et réserver. Dans la cocotte, cuire l'oignon et déglacer avec le bouillon de volaille. Ajouter la demi-glace, le miel et les noix de Grenoble. Lier la sauce avec la fécule délayée dans l'eau froide. Ajouter le dindon. Amener à ébullition et cuire à feu doux, 45 minutes. Saler et poivrer.

Portions : 4
Préparation : 10 minutes
Cuisson : 45 minutes

Poulet mijoté
aux cœurs d'artichauts

... POUR CŒURS TENDRES

500 g (1 lb) de cubes de poulet
ou 2 poitrines de poulet désossées
30 ml (2 c. à soupe) d'huile d'olive
1 boîte de cœurs d'artichauts
égouttés et coupés en quatre
1 oignon coupé en lamelles
sel et poivre au goût
5 ml (1 c. à thé) d'estragon séché
15 ml (1 c. à soupe) de farine
250 ml (1 t.) de bouillon de volaille
15 ml (1 c. à soupe) de miel

Dans un poêlon moyen, chauffer l'huile,
y faire dorer les cubes ou les poitrines
de poulet puis les artichauts et l'oignon.
Assaisonner de sel, de poivre et d'estragon.
Saupoudrer de farine et remuer le mélange
sans trop laisser colorer. Verser le bouillon
et ajouter le miel. Porter à ébullition puis
réduire la chaleur. Couvrir et laisser cuire
à feu moyen de 30 à 40 minutes. Servir
sur des pâtes (aux tomates ou aux épinards)
cuites al dente ou avec des légumes.

Portions : 4
Préparation : 10 minutes
Cuisson : 45 minutes

Cuisi-truc

*Si vous n'avez pas
de fromage parmesan ou
romano, vous pouvez
facilement le remplacer
par du jarlsberg léger.
Vous obtiendrez autant
de goût et moins
de matières grasses.*

Pain de dindon
au parmesan et au romano

MÉLI-MÉLO ITALIANO

500 g (1 lb) de dindon haché
75 ml (^{1}/$_3$ t.) de romano en cubes
de 1 cm (^{1}/$_2$ po)
75 ml (^{1}/$_3$ t.) de parmesan en cubes
de 1 cm (^{1}/$_2$ po)
2 ml (^{1}/$_2$ c. à thé) chacun de poudre d'ail
et de basilic séché
5 ml (1 c. à thé) d'origan séché
1 ml (^{1}/$_4$ c. à thé) de piments broyés
sel et poivre au goût
50 ml (^{1}/$_4$ t.) d'oignon haché
1 gousse d'ail émincée
15 ml (1 c. à soupe) d'huile d'olive
50 ml (^{1}/$_4$ t.) de bouillon de volaille
540 ml (1 boîte de 19 oz) de tomates
étuvées en conserve
5 ml (1 c. à thé) d'origan séché
7 ml (1^1/$_2$ c. à thé) de basilic séché
6 gouttes de sauce Tabasco
15 ml (1 c. à soupe) de sucre

Mélanger le dindon haché, le romano, le parmesan, la poudre d'ail, le basilic, l'origan et les piments. Saler et poivrer. Mettre la préparation dans un petit moule rectangulaire graissé. Cuire au four à 180 °C (350 °F) 40 minutes ou jusqu'à ce que le jus de cuisson soit clair. Enlever l'excédent de liquide et de gras.

Dans un poêlon, faire revenir l'oignon et l'ail dans l'huile, à feu vif, 2 minutes. Ajouter le bouillon, les tomates, l'origan, le basilic, le Tabasco et le sucre. Laisser mijoter 5 minutes à feu doux. Au robot culinaire ou au mélangeur, réduire la sauce.

Servir les tranches de pain de dindon chaudes accompagnées de sauce aux tomates.

Portions : 4
Préparation : 20 minutes
Cuisson du pain de dindon : 40 minutes
Cuisson de la sauce : 5 minutes

Pilons aux tomates
et au paprika

À LA HONGROISE

4 à 6 pilons de dindon
sel et poivre au goût
15 ml (1 c. à soupe) d'huile d'olive
5 ml (1 c. à thé) de beurre
1 oignon moyen émincé
1 gousse d'ail émincée
15 ml (1 c. à soupe) de paprika
2 ml (½ c. à thé) de sauge
540 ml (1 boîte de 19 oz) de tomates
en dés ou entières coupées
500 ml (2 t.) de bouillon de volaille
crème sure au goût (facultatif)

Saler et poivrer les pilons de dindon. Dans une casserole, chauffer l'huile, ajouter le beurre et saisir les pilons. Réserver. Dans la même casserole, cuire l'oignon et l'ail. Assaisonner de paprika et de sauge. Remuer 1 minute. Incorporer les tomates, le bouillon de volaille et amener à ébullition. Ajouter les pilons. Réduire le feu. Couvrir et cuire environ 1 heure. Garnir de crème sure si désiré. Servir.

Portions : 4 à 6
Préparation : 10 minutes
Cuisson : 1 heure

Cuisi-truc

Dégustez ces pilons avec le couscous rapide aux légumes en (p. 120) utilisant la sauce au paprika au lieu du bouillon de volaille pour la cuisson du couscous. Si vous préférez, ajoutez des légumes (pommes de terre, carottes, brocoli, chou-fleur, etc.) aux pilons en cours de cuisson.

Casserole de saucisses
italiennes aux petits légumes

À VOS CASSEROLES!

3 hauts de cuisse de dindon
désossés sans peau
4 saucisses italiennes piquantes
15 ml (1 c. à soupe) d'huile végétale
250 ml (1 t.) d'oignon haché
2 gousses d'ail émincées
50 ml (¼ t.) de vin rouge (facultatif)
2 sachets de sauce demi-glace préparée selon
le mode d'emploi indiqué sur l'emballage
250 ml (1 t.) d'eau
5 ml (1 c. à thé) de marjolaine fraîche ou
2 ml (½ c. à thé) de marjolaine séchée
375 ml (1½ t.) chacun de navet
et de carottes en julienne
15 ml (1 c. à soupe) de pâte de tomates

Blanchir les saucisses italiennes dans l'eau bouillante, 10 à 12 minutes. Bien égoutter et couper en rondelles.

Dans un poêlon, faire revenir les hauts de cuisse de dindon dans l'huile, à feu vif, 2 minutes. Ajouter les oignons et cuire 1 minute. Incorporer l'ail, le vin rouge, la sauce demi-glace, l'eau et la marjolaine. Cuire 30 minutes à feu doux. Ajouter les rondelles de saucisses italiennes. Laisser mijoter 10 minutes. Incorporer les navets, les carottes et la pâte de tomates. Cuire 10 minutes. Servir sur un lit de riz ou de pâtes.

Portions : 4
Préparation : 15 minutes
Cuisson : 1 heure

Cuisi-truc

Pour un plat plus complet, transformez-le en cassoulet : au moment où vous incorporerez l'ail, le vin rouge et la demi-glace, pensez à y ajouter des fèves blanches, noires ou romaines.

Cuisi-truc

*Les rouleaux d'automne
se congèlent très
bien cuits ou crus. Ils
sont très appréciés pour
les lunchs ou les repas
vite faits. Il suffit de
les réchauffer au
four conventionnel
sur une plaque
ou de les faire frire.*

Rouleaux d'automne

IMPÉRIAL!

1 kg (2 lb) de dindon haché cuit
500 ml (2 t.) de champignons hachés
8 oignons verts hachés
250 g (1 boîte de 8 oz)
de châtaignes d'eau en conserve
1 poivron rouge haché
325 ml (1⅓ t.) de chou chinois émincé
45 ml (3 c. à soupe) chacun de sherry sec
et de sauce soya
10 ml (2 c. à thé) de gingembre frais,
pelé et râpé
5 ml (1 c. à thé) de sucre
15 ml (1 c. à soupe) d'huile végétale
1 paquet de 24 pâtes pour rouleaux impériaux
22 ml (1½ c. à soupe) de fécule de maïs
125 ml (½ t.) d'eau tiède

Dans un grand bol, mélanger le dindon, les champignons, les oignons verts, les châtaignes d'eau, le poivron, le chou chinois, le sherry, la sauce soya, le gingembre et le sucre. Laisser reposer 10 minutes. Dans un grand poêlon, faire sauter le mélange dans l'huile jusqu'à ce que les légumes soient croustillants. Bien égoutter. Déposer 30 ml (2 c. à soupe) de préparation sur chaque feuille de pâtes pour rouleaux impériaux. Replier un coin sur le mélange, replier les côtés vers l'intérieur et rouler. Sceller avec la fécule diluée dans l'eau. Frire les rouleaux jusqu'à ce qu'ils soient dorés.

Portions : 24
Préparation : 45 minutes
Cuisson : 30 minutes

Cuisi-truc

*Ce rôti se mange chaud
ou froid avec de la
moutarde de Dijon ou
de la moutarde à l'ancienne.
Sur une baguette de
pain français ou sur du
pain Kaiser, créez des
sandwichs succulents.*

Rôti de tous les jours

À LA BONNE FRANQUETTE

1 rôti de poitrine de dindon de 850 g (2 lb)
15 ml (1 c. à soupe) d'huile d'olive
1 ml (¼ c. à thé) de moutarde sèche
75 ml (⅓ t.) d'eau
15 ml (1 c. à soupe) de sauce Tamari
15 ml (1 c. à soupe) de bouillon de volaille
50 ml (¼ t.) chacun de céleri en dés,
carottes en rondelles et oignon émincé
sel et poivre au goût

Déposer le rôti sur une feuille de papier d'aluminium assez grande pour pouvoir la refermer. Dans un plat, mélanger l'huile, la moutarde sèche, l'eau, la sauce Tamari, le bouillon de volaille, les légumes, le sel et le poivre. Verser sur le rôti. Refermer le papier en laissant une ouverture sur le dessus afin de laisser passer la vapeur. Cuire au four, à 160 °C (325 °F) 1 à 1¼ heure.

Portions : 4 à 6
Préparation : 10 minutes
Cuisson : 1 heure 15 min

Christian Lacroix

Rouleaux d'automne

Tourtière

Chili con pollo

CHILI GONZALES

500 g (1 lb) de dindon haché
1 oignon rouge moyen haché
2 gousses d'ail émincées
30 ml (2 c. à soupe) d'huile d'olive
1 grosse branche de céleri en dés
2 carottes moyennes en dés
$^1/_2$ poivron vert haché grossièrement
1 petite courgette hachée
540 ml (1 boîte de 19 oz)
de haricots rouges égouttés
6 tomates pelées, en gros dés non égouttées
ou 796 ml (1 boîte de 28 oz)
de tomates italiennes avec leur jus
250 ml (1 t.) de jus de tomate
sel et poivre au goût
5 ml (1 c. à thé) de cumin
30 ml (2 c. à soupe) de poudre de chili

Dans une grande casserole, cuire le dindon haché, l'oignon et l'ail dans l'huile. Ajouter le céleri, les carottes, le poivron vert et la courgette. Cuire 3 à 4 minutes. Ajouter les haricots rouges, les tomates et le jus de tomate. Saler, poivrer et ajouter le cumin et la poudre de chili. Amener à ébullition. Réduire la chaleur et laisser mijoter 45 minutes à 1 heure.

Portions : 4
Préparation : 15 minutes
Cuisson : 1 heure 15 min

Cuisi-truc

Dégustez ce chili sur des muffins anglais grillés, accompagné de crème sure ou sur une croûte à pizza, garnie de fromage et gratinée au four, avec des croustilles de maïs ou tout simplement, sur un lit de riz ! Modifiez la recette à votre goût ; utilisez du dindon cuit, des haricots blancs, et pour une touche d'Orient, diminuez la poudre de chili et augmentez le cumin, variez les légumes selon la saison.

Tourtière

LA TOURTIÈRE DU LAC-DINDON

750 g (1$^1/_2$ lb) de dindon haché
2 oignons moyens hachés
2 gousses d'ail émincées
2 ml ($^1/_2$ c. à thé) de thym séché
7 ml (1$^1/_2$ c. à thé) de sel
1 pincée de toute-épice
1 pincée de clou de girofle moulu
1 feuille de laurier
125 ml ($^1/_2$ t.) de farce de volaille
du commerce
2 abaisses de tarte de 23 cm (9 po) chacune
1 jaune d'œuf légèrement battu
15 ml (1 c. à soupe) de lait

Dans une casserole à fond épais, mettre le dindon, les oignons, l'ail, le thym, le sel, la toute-épice, le clou de girofle et la feuille de laurier. Couvrir et cuire à feu doux 30 minutes, en remuant de temps à autre. Quand la viande est cuite, ajouter la farce de volaille pour absorber le liquide du mélange. Il en faudra plus ou moins 125 ml ($^1/_2$ t.). Laisser refroidir. Déposer la préparation dans l'abaisse. Couvrir avec la deuxième abaisse. Badigeonner du mélange d'œuf et de lait. Déposer la tourtière sur une plaque à biscuits. Cuire au four à 180 °C (350 °F) sur la grille du bas. Selon la taille de la tourtière, la cuisson variera de 35 à 45 minutes.

Portions : 6
Préparation : 15 minutes
Cuisson : 1 heure 15 min

Cuisi-truc

La tourtière se congèle parfaitement bien. Il est préférable de faire décongeler la tourtière avant de la faire cuire. Sinon, déposez sans serrer une feuille d'aluminium sur le dessus pour empêcher que la pâte ne cuise trop.

Christian Lacroix

Poitrine de volaille à la cajun

EN PASSANT PAR LA LOUISIANE

1 poitrine entière de dindon
15 ml (1 c. à soupe) d'épices cajun
1 carotte en rondelles
1 oignon haché
2 branches de céleri hachées
1 gousse d'ail non pelée
540 ml (1 boîte de 19 oz) de tomates
250 ml (1 t.) de bouillon de volaille
veloutine pour sauce brune

Dans une petite lèchefrite, déposer la poitrine de dindon et saupoudrer d'épices cajun. Ajouter la carotte, l'oignon, le céleri et la gousse d'ail. Cuire au four à 160 °C (325 °F) 45 minutes. Ajouter les tomates et le bouillon. Remettre au four 45 minutes ou jusqu'à ce que la poitrine soit cuite. Déposer la poitrine dans un plat de service. Au robot culinaire ou au mélangeur, réduire en purée le jus de cuisson et les légumes. Dans une casserole, amener à ébullition et épaissir avec la veloutine.

Portions : 6 à 8
Préparation : 10 minutes
Cuisson : 1 heure 30 min

Rôti à la moutarde de Meaux

LA CUISINE À L'ANCIENNE

1 rôti de poitrine de dindon de 850 g (2 lb)
50 ml (1/4 t.) de moutarde de Meaux
ou de moutarde à l'ancienne
1/2 oignon haché finement
175 ml (3/4 t.) de bouillon de volaille
ou de vin blanc
30 ml (2 c. à soupe) de moutarde de Meaux
ou de moutarde à l'ancienne
150 ml (2/3 t.) de crème 15 % m.g.

Dans une grande cocotte, amener de l'eau à ébullition. Déficeler le rôti. Sur le sens de la longueur, faire une incision et garnir l'intérieur de moutarde de Meaux.

Refermer et ficeler. Emballer le rôti 3 fois dans des pellicules plastiques. Recouvrir de papier d'aluminium et bien sceller. Déposer dans la cocotte. Pour une cuisson égale, s'assurer que le rôti soit complètement recouvert d'eau. Cuire à feu moyen 1 1/2 heure. Retirer de l'eau bouillante et récupérer le jus de cuisson du rôti.

Dans un poêlon, faire revenir les oignons dans le bouillon à feu vif, 1 à 2 minutes. Ajouter la moutarde, la crème et le jus de cuisson du rôti. Laisser mijoter 15 minutes. Napper le rôti et servir.

Portions : 4 à 6
Préparation : 10 minutes
Cuisson du rôti : 1 heure 30 min
Cuisson de la sauce : 15 minutes

Cassoulet

OPÉRATION TERROIR

2 hauts de cuisse de dindon désossés
sans peau ou
4 pilons de dindon
250 g (½ lb) de lard en cubes de 2,5 cm (1 po)
2 oignons moyens hachés
4 gousses d'ail émincées
796 ml (1 boîte de 28 oz) de tomates coupées
en gros morceaux, non égouttées
1 L (4 t.) de haricots blancs trempés
et égouttés
500 ml (2 t.) de fond ou
de bouillon de volaille (voir p. 137)
5 ml (1 c. à thé) de thym
2 ml (½ c. à thé) de sarriette
sel et poivre au goût
4 pommes de terre moyennes
pelées coupées en deux

Dans une grande casserole, faire revenir les lardons quelques minutes. Ajouter les hauts de cuisse, l'oignon et l'ail, cuire 2 minutes. Verser les tomates et cuire quelques minutes. Ajouter les haricots, le fond de volaille, le thym, la sarriette, le sel et le poivre. Amener à ébullition. Réduire le feu et cuire à feu doux 1½ à 2 heures. Ajouter les pommes de terre environ une demi-heure avant la fin de la cuisson.

Portions : 4
Préparation : 10 minutes
Cuisson : 1½ à 2 heures

Ailes et pilons, sauce barbecue

DIABLISSIME!

4 petits pilons de dindon
4 ailes de dindon coupées
1 oignon moyen haché
30 ml (2 c. à soupe) d'huile végétale
30 ml (2 c. à soupe) de cassonade
50 ml (¹/₄ t.) de ketchup
50 ml (¹/₄ t.) de jus de citron
15 ml (1 c. à soupe) de sauce Worcestershire
15 ml (1 c. à soupe) de moutarde de Dijon
5 ml (1 c. à thé) de poudre de chili
sauce Tabasco, au goût

Placer les pilons et les ailes dans un plat de 3 L (3 pintes) allant au four. Dans une casserole, saisir l'oignon dans l'huile 2 minutes. Réduire le feu. Incorporer la cassonade et continuer la cuisson, en brassant, à feu moyen 2 minutes. Retirer du feu. Incorporer tous les autres ingrédients. Verser la sauce sur les pilons et les ailes. Couvrir et cuire au four à 160 °C (325 °F) 1 heure. Enlever l'excédent de gras. Découvrir et cuire environ 35 minutes ou jusqu'à ce que les pilons et les ailes soient tendres et juteux.

Portions : 4
Préparation : 15 minutes
Cuisson : 1 heure 30 min

Rôti farci aux tomates séchées et au basilic

UNE EXPLOSION DE SAVEURS

1 rôti de poitrine de dindon de 1 kg (2 lb)
250 g (¹/₂ lb) de dindon haché
45 ml (3 c. à soupe) de pesto (voir p. 139)
50 ml (¹/₄ t.) de tomates séchées hachées finement
2 ml (¹/₂ c. à thé) de poudre d'ail
1 sachet de sauce demi-glace préparée selon le mode d'emploi indiqué sur l'emballage ou 250 ml (1 t.) de fond brun (voir p. 138)
¹/₂ oignon haché finement
125 ml (¹/₂ t.) de vin rouge
125 ml (¹/₂ t.) de Porto (facultatif)
5 ml (1 c. à thé) de pesto
sel et poivre au goût
pignons grillés (facultatif)

Dans un bol, mélanger le dindon haché, le pesto, les tomates séchées et la poudre d'ail. Déficeler le rôti et y faire une incision sur le sens de la longueur. Étendre la farce au centre, fermer et ficeler. Dans un plat peu profond, cuire au four à 160 °C (325 °F) 1¹/₂ heure. Couvrir le rôti pour la dernière ¹/₂ heure de cuisson. Laisser reposer 15 minutes avant de trancher.

Déglacer le plat de cuisson avec la sauce demi-glace. Ajouter l'oignon, le vin rouge, le Porto et le pesto. Saler et poivrer. Napper les tranches de rôti de cette sauce et saupoudrer de pignons.

Portions : 6 à 8
Préparation : 15 minutes
Cuisson : 1 heure 30 min

Adrien Duey

Ailes et pilons, sauce barbecue

*1 mangue donne 250 ml
(1 t.) de purée. Profitez
des spéciaux saisonniers
pour vous faire des réserves.
Pelez-la, otez le noyau,
réduisez en purée, puis
congelez-la en portions
de 125 ml (¹/₂ t.). À défaut
de trouver des mangues
fraîches, vous pouvez
utiliser des morceaux ou
de la purée de mangue
que vous trouverez en
conserve ou au rayon des
produits congelés.*

Poitrine de dindon aux mangues

POITRINE PULPEUSE

1 demi-poitrine de dindon
avec os et peau de 1,5 kg (3 lb)
sel et poivre
125 ml (¹/₂ t.) de purée de mangue
45 ml (3 c. à soupe) de beurre fondu
5 ml (1 c. à thé) de basilic séché
1 oignon moyen haché
1 gousse d'ail émincée
2 petits piments Jalapeño hachés finement
250 ml (1 t.) de mangue en purée
500 ml (2 t.) de bouillon de volaille

Dégager délicatement la peau du dindon sans l'enlever complètement. Saler et poivrer la chair. Mélanger la purée de mangue, le beurre fondu et le basilic. Verser sur la chair (en garder pour badigeonner la peau). Bien étendre et remettre la peau en place. Badigeonner la peau avec le reste de purée. Déposer la demi-poitrine dans une petite lèchefrite. Ajouter l'oignon et l'ail et cuire au four à 160 °C (325 °F) 45 minutes. Ajouter les piments Jalapeño, la mangue et le bouillon. Poursuivre la cuisson 40 à 45 minutes. Déposer la volaille sur un plat de service. Au robot culinaire ou au mélangeur, réduire la sauce en purée. Remettre dans la lèchefrite et réchauffer 2 à 3 minutes.

Portions : 4 à 6
Préparation : 20 minutes
Cuisson : 1 heure 30 min

---

*Bouillir les côtes levées
les rend plus tendres.
Faites la sauce la veille
puisque c'est ce qui
demande le plus de
préparation et le jour
même, vous n'aurez qu'à
faire bouillir et cuire
les côtes levées.*

Côtes levées grillées

BRAISES D'ÉTÉ

24 à 28 côtes levées de porc
1 oignon coupé en 4
10 ml (2 c. à thé) de sel
2 ml (¹/₂ c. à thé) de poivre
2 gousses d'ail non pelées
eau
125 ml (¹/₂ t.) de vinaigre de cidre
125 ml (¹/₂ t.) de cassonade
125 ml (¹/₂ t.) de ketchup
50 ml (¹/₄ t.) de sauce chili
50 ml (¹/₄ t.) de sauce Worcestershire
5 ml (1 c. à thé) de jus de citron
1 petit oignon haché finement
2 ml (¹/₂ c. à thé) de moutarde sèche
1 gousse d'ail émincée
1 pincée de poivre de Cayenne

Dans une casserole, mettre les côtes levées avec l'oignon, le sel, le poivre et l'ail. Ajouter suffisamment d'eau pour recouvrir la viande. Faire bouillir 1¹/₂ heure. Pendant ce temps, dans une casserole, mettre le vinaigre, la cassonade, le ketchup, la sauce chili, la sauce Worcestershire, le jus de citron, l'oignon, la moutarde, l'ail et le poivre de Cayenne. Faire mijoter à feu doux 1 heure. Égoutter les côtes levées. Badigeonner généreusement avec la sauce. Cuire sur le barbecue 5 à 8 minutes en badigeonnant de sauce plusieurs fois pendant la cuisson. Servir avec du riz frit aux légumes.

Portions : 4
Préparation : 15 minutes
Cuisson : sur le feu : 1 heure 30 min
          sur le barbecue : 5 à 8 minutes

Blanc de dindon
à la sauce barbecue

C'EST DU TOUT CUIT!

1 demi-poitrine de dindon
avec os et peau de 1,5 kg (3 lb)
2 ml ($\frac{1}{2}$ c. à thé) de poudre de chili
2 ml ($\frac{1}{2}$ c. à thé) de cumin
5 ml (1 c. à thé) de gingembre moulu
1 gousse d'ail émincée
45 ml (3 c. à soupe) de sauce aux huîtres
45 ml (3 c. à soupe) d'huile d'olive
30 ml (2 c. à soupe) de pâte de tomates
250 ml (1 t.) de bouillon de volaille
15 ml (1 c. à soupe) de veloutine
pour sauce brune

Dans un petit bol, mélanger la poudre de chili, le cumin, le gingembre, l'ail, la sauce aux huîtres, l'huile d'olive et la pâte de tomates. Déposer le dindon dans une lèchefrite et badigeonner avec la moitié de la sauce barbecue. Cuire au four à 160 °C (325 °F) 30 minutes. Badigeonner du reste du mélange et poursuivre la cuisson environ 1$\frac{1}{4}$ heure. Retirer le dindon de la lèchefrite et ajouter le bouillon de volaille. Réchauffer et épaissir avec de la veloutine.

Portions : 4 à 6
Préparation : 10 minutes
Cuisson : 1 heure 45 min

Cuisi-truc

Utilisez votre sauce aux huîtres dans vos recettes de viande, de fruits de mer ou de légumes. Indispensable pour la cuisson au wok et les sautés de légumes, vous la retrouverez facilement dans la plupart des supermarchés. Au réfrigérateur elle se conservera indéfiniment.

Le mélange de zeste de citron, d'ail et de persil s'appelle gremolata. Elle est traditionnellement servie par les Italiens avec le jarret de veau. On l'ajoute juste au moment de servir.

Les recettes exigent souvent une petite quantité de pâte de tomates. Bien souvent, la portion non utilisée traîne quelques semaines au réfrigérateur jusqu'à ce qu'elle se retrouve à la poubelle ! Faites congeler le restant dans un bac à glaçons en portions de 15 ml (1 c. à soupe) puis transférez les cubes dans un sac de plastique. Ou si vous préférez, on retrouve maintenant de la pâte de tomates en tube. Fini le gaspillage !

Rouelles de veau à l'italienne

MAMA MIA !

4 tranches de jarrets de veau avec l'os
de 4 cm (1¹/₂ po)
30 ml (2 c. à soupe) de farine tout usage
sel et poivre au goût
30 ml (2 c. à soupe) d'huile d'olive
15 ml (1 c. à soupe) de beurre
1 carotte tranchée
1 oignon moyen haché
2 gousses d'ail non pelées
zeste de ¹/₂ citron
45 ml (3 c. à soupe) de persil haché
250 ml (1 t.) de vin rouge
375 ml (1¹/₂ t.) de bouillon de bœuf
ou de volaille
1 feuille de laurier
1 branche de thym frais
15 ml (1 c. à soupe) de pâte de tomates
1 grosse gousse d'ail émincée
45 ml (3 c. à soupe) de persil
haché très finement
15 ml (1 c. à soupe) de zeste de citron râpé

Enfariner, saler et poivrer les tranches de veau, secouer pour enlever l'excédent de farine. Dans une petite lèchefrite, saisir le veau dans l'huile et le beurre. Retirer de la lèchefrite et réserver. Dans la lèchefrite, cuire la carotte, l'oignon et l'ail. Ajouter le veau, le zeste de citron, le persil, le vin, le bouillon, le laurier, le thym et la pâte de tomates. Amener à ébullition. Couvrir et cuire au four à 160 °C (325 °F) 1¹/₂ heure ou sur le feu environ 1 heure. Les jarrets doivent être cuits sans que la viande ne se détache de l'os. Pendant ce temps, mélanger l'ail, le persil et le zeste de citron. Saupoudrer les rouelles de ce mélange et servir.

Portions : 4
Préparation : 30 minutes
Cuisson : 1 heure 45 min

Navarin d'agneau

GLOIRE AU NAVET

1 kg (2 lb) d'épaule d'agneau en cubes
90 à 120 g (3 à 4 oz) de lard en petits cubes
15 ml (1 c. à soupe) d'huile d'olive
5 ml (1 c. à thé) de beurre
os d'agneau
5 ml (1 c. à thé) de sucre
30 ml (2 c. à soupe) de farine tout usage
750 ml (3 t.) de bouillon de volaille
ou plus au besoin
1 gros oignon haché
2 gousses d'ail émincées
1 carotte moyenne tranchée
quelques feuilles de céleri
45 ml (3 c. à soupe) de pâte de tomates
1 bouquet garni : persil, thym, cerfeuil
ou romarin et feuille de laurier
sel et poivre au goût
légumes au choix (carottes,
pommes de terre, navet, etc.)

Dans de l'eau bouillante, blanchir les lardons 1 minute et égoutter. Dans une grande casserole allant au four, saisir l'agneau et les lardons dans l'huile et le beurre. Ajouter les os, saupoudrer de sucre et laisser caraméliser pour obtenir une belle couleur dorée. Ajouter la farine et bien brasser.

Verser le bouillon de volaille et ajouter l'oignon, l'ail, la carotte, les feuilles de céleri, la pâte de tomates, le bouquet garni, le sel et le poivre. Couvrir et cuire au four, à 180 °C (350 °F) 1½ à 2 heures. Retirer la viande et les os. Couler la sauce. Rectifier l'assaisonnement et ajouter du bouillon au besoin. Remettre la sauce et la viande dans la casserole et ajouter des légumes au choix. Couvrir et cuire au four 1 heure ou jusqu'à ce que les légumes soient cuits.

Portions : 6
Préparation : 20 minutes
Cuisson : 2 heures 30 min à 3 heures

Cuisi-truc

Pour une sauce plus épaisse et encore plus savoureuse, au lieu de couler la sauce, retirer simplement la feuille de laurier et réduisez le tout en purée, au robot culinaire ou au mélangeur.

Un bouquet garni est un mélange d'herbes composé de tiges de persil, d'une branche de thym et d'une feuille de laurier réunies en bouquet. Nous avons ajouté du cerfeuil et du romarin car ils conviennent particulièrement à l'agneau. Si vous n'avez pas d'herbes fraîches, confectionnez un bouquet garni séché : mélangez les herbes et placez-les sur un carré de mousseline ou de coton à fromage, fermez à l'aide d'une ficelle de façon à former un baluchon. N'oubliez pas de le retirer en fin de cuisson !

Sauce à spaghetti

LA PETITE ITALIE

1 kg (2 lb) de dindon haché
15 ml (1 c. à soupe) d'huile végétale
1 oignon haché finement
3 gousses d'ail émincées
6 branches de céleri en dés de 1 cm ($^1/_2$ po)
540 ml (1 boîte de 19 oz) chacun de jus
de tomate, tomates en dés et tomates broyées
2 carottes moyennes, en dés de 1 cm ($^1/_2$ po)
175 ml ($^3/_4$ t.) de poivron vert,
en dés de 1 cm ($^1/_2$ po)
125 ml ($^1/_2$ t.) de ketchup
2 ml ($^1/_2$ c. à thé) chacun de
piment rouge broyé et de thym
10 ml (2 c. à thé) chacun de
sauces Worcestershire et Tabasco
15 ml (1 c. à soupe) d'origan séché
2 feuilles de laurier
5 ml (1 c. à thé) de sucre
sel, poivre et parmesan au goût

Dans une grande casserole, faire revenir dans l'huile le dindon haché, l'oignon, l'ail et le céleri. Ajouter tous les autres ingrédients et cuire à feu doux 3 heures en brassant de temps en temps.

Portions: 12
Préparation: 40 minutes
Cuisson: 3 heures

Christian Lacroix

Sauce à spaghetti

Dinde farcie

Dinde farcie

FARCEUR, VA!

1 dindon entier
500 g (1 lb) de chair à saucisse
2 gros oignons hachés finement
250 ml (1 t.) de céleri en dés
30 ml (2 c. à soupe) de persil frais
sel, poivre, romarin et sarriette au goût
750 ml (3 t.) de cubes de pain sec
1,5 L (6 t.) de bouillon de volaille
3 pommes pelées hachées finement
125 ml ($^1/_2$ t.) de raisins Sultanas
trempés dans l'eau bouillante
moutarde de Dijon
sel, poivre, thym au goût
250 ml (1 t.) de beurre fondu

Dans un grand poêlon, cuire la chair à saucisse en la défaisant à la fourchette. Ajouter les oignons, le céleri et le persil, cuire 10 minutes. Saler, poivrer et assaisonner de romarin et de sarriette. Déposer le tout dans un grand bol, ajouter les cubes de pain et verser graduellement le bouillon de volaille afin d'obtenir une farce de la consistance désirée. Bien mélanger. Ajouter les pommes, les raisins et mélanger. Farcir le dindon, bien attacher les pattes et les ailes, puis le déposer dans une lèchefrite. Mettre le reste de la farce dans un plat couvert et cuire avec le dindon durant les 2 dernières heures de cuisson. Badigeonner généreusement le dindon de moutarde de Dijon. Saler, poivrer et saupoudrer de thym. Plier du coton à fromage pour obtenir 4 épaisseurs. Imbiber le coton à fromage de beurre fondu et déposer sur la dinde. Préchauffer le four à 230 °C (450 °F), y déposer le dindon et réduire immédiatement la chaleur à 160 °C (325 °F). Cuire selon le tableau de cuisson ci-dessous :

| | Four à 160 °C (325 °F) | |
Poids	Farci (heures)	Non farci (heures)
3,5-4,5 kg (8-10 lb)	$3^1/_4$-$3^1/_2$	$2^3/_4$-3
4,5-5,5 kg (10-12 lb)	$3^1/_2$-$3^3/_4$	3-$3^1/_4$
5,5-7,0 kg (12-16 lb)	$3^3/_4$-4	$3^1/_4$-$3^1/_2$
7,0-10,0 kg (16-22 lb)	4-$4^1/_2$	$3^1/_2$-4

Arroser souvent pendant la cuisson. Trente minutes avant la fin, arroser et enlever délicatement le coton à fromage. Le mettre dans une casserole avec de l'eau bouillante. Remuer pour en extraire la sauce. Essorer autant que possible, retirer le coton et épaissir la sauce au goût.

Farce aux huîtres

250 ml (1 t.) d'huîtres égouttées,
entières ou hachées
50 ml (¹/₄ de t.) d'oignon haché
75 ml (¹/₃ t.) de beurre
15 ml (1 c. à soupe) de persil haché
500 ml (2 t.) de chapelure
2 ml (¹/₂ c. à thé) de sel
poivre au goût
1 pincée de paprika
30 ml (2 c. à soupe) de câpres égouttées

Dans un grand poêlon ou une casserole, faire dorer l'oignon dans le beurre. Ajouter les huîtres, le persil, la chapelure, le sel, le poivre, le paprika et les câpres, bien mélanger. Farcir la volaille ou faire cuire dans un plat couvert durant les deux dernières heures de cuisson de la volaille.

Farce aux abricots de grand-maman

1 sachet d'abricots séchés,
coupés en morceaux et gonflés dans
125 ml (¹/₂ t.) d'eau bouillante
ou de brandy chaud
500 ml (2 t.) d'oignon haché
500 ml (2 t.) de céleri haché
30 ml (2 c. à soupe) de beurre
500 g (1 lb) de chair à saucisses de Toulouse
1 boîte de farce pour volaille du commerce
300 ml (1¹/₄ t.) de bouillon de volaille
125 ml (¹/₂ t.) de noix de Grenoble
en morceaux
sel, poivre, thym ou romarin au goût

Dans un grand poêlon, faire dorer les oignons et le céleri dans le beurre. Ajouter la chair à saucisses et défaire à la fourchette. Mettre le tout dans un grand bol. Ajouter les morceaux d'abricots gonflés, la farce, le bouillon et les noix. Saler, poivrer et assaisonner de thym ou de romarin. Farcir la volaille ou faire cuire dans un plat couvert durant les deux dernières heures de cuisson de la volaille.

Farce à la viande

45 ml (3 c. à soupe) de beurre
1 oignon haché finement
500 g (1 lb) de porc maigre haché
abattis de la dinde
250 ml (1 t.) de bouillon de poulet
sel, poivre, thym, marjolaine et laurier au goût
125 ml (1/2 t.) de céleri coupé en dés
125 ml (1/2 t.) de riz cuit
250 ml (1 t.) de chapelure de biscuits Soda
125 ml (1/2 t.) de noix de Grenoble
2 œufs

Dans une casserole, faire dorer l'oignon dans le beurre. Ajouter le porc et les abattis, laisser saisir quelques minutes avant de verser le bouillon. Assaisonner et laisser cuire 30 min. Ajouter le céleri, le riz, la chapelure et les noix. Bien mélanger et lier avec les œufs légèrement battus. Vérifier l'assaisonnement et rectifier au besoin.

*Les pétoncles doivent
être très frais. Ils sont
alors translucides et
absolument sans odeur.*

Pétoncles sur nid d'épinards

LA COUVÉE DU CHEF

8 à 12 gros pétoncles crus tranchés minces
50 ml (¼ t.) de jus de citron
50 ml (¼ t.) d'huile d'olive
15 ml (1 c. à soupe) de coriandre
fraîche hachée
15 ml (1 c. à soupe) d'huile d'olive
15 ml (1 c. à soupe) d'échalotes françaises
hachées finement
1 sac d'épinards frais lavés,
asséchés et équeutés
sel et poivre au goût
250 ml (1 t.) de sauce veloutée (voir p. 137)

Dans un bol, mélanger le jus de citron, l'huile d'olive et la coriandre. Ajouter les pétoncles et mariner au réfrigérateur 30 minutes. Dans un poêlon, faire revenir l'échalote française dans l'huile puis ajouter les épinards. Cuire deux minutes, juste pour les attendrir. Saler et poivrer. Sur une tôle à biscuits antiadhésive, déposer les épinards par grosses cuillerées, en formant 4 nids. Égoutter les tranches de pétoncles et disposer sur les nids en les faisant se chevaucher. Passer sous le gril 2 à 3 minutes ou jusqu'à ce que les pétoncles deviennent opaques. Surveiller la cuisson (trop cuits, les pétoncles durcissent). Pour servir, verser un peu de sauce veloutée chaude au fond de chaque assiette. Déposer un nid d'épinards et terminer avec 15 à 30 ml (1 à 2 c. à soupe) de sauce sur chaque portion. Décorer d'un peu de coriandre.

Portions : 4
Préparation : 30 minutes
Marinade : 30 minutes
Cuisson : 8 à 10 minutes

Côtelettes d'agneau à la menthe

FRAÎCHEMENT L'AGNEAU!

8 à 12 côtelettes d'agneau
30 ml (2 c. à soupe) d'huile d'olive
5 ml (1 c. à thé) de beurre
45 ml (3 c. à soupe) d'huile végétale
10 ml (2 c. à thé) de gelée de menthe
2 ml (½ c. à thé) chacun
de sel d'ail et de poivre
5 ml (1 c. à thé) de menthe séchée
50 ml (¼ t.) de vin rouge
125 ml (½ t.) de bouillon de volaille

Dans un petit bol, mélanger l'huile végétale, la gelée de menthe, le sel d'ail, le poivre et la menthe. Badigeonner les côtelettes de la marinade. Réfrigérer 1 heure en retournant à quelques reprises. Dans un poêlon, à feu vif, chauffer l'huile, ajouter le beurre et saisir les côtelettes. Cuire 3 à 4 minutes. Retourner. Réduire la chaleur et poursuivre la cuisson 3 à 4 minutes. Retirer les côtelettes du poêlon et réserver. Déglacer le poêlon avec le vin, laisser réduire quelques minutes. Verser le bouillon de volaille et bien gratter le fond du poêlon. Laisser réduire le liquide au goût. Servir les côtelettes nappées de cette sauce.

Portions : 4 à 6
Préparation : 10 minutes
Marinade : 1 heure au moins
Cuisson : 25 minutes

Cuisi-truc

Pour saisir la viande, le poêlon doit être très chaud. Chauffez l'huile et ajoutez le beurre. Quand ce dernier cesse de grésiller ou de chanter, et qu'il devient couleur noisette, c'est le temps de saisir la viande.

Rôti à l'orange

QUARTIERS DIVERS

1 kg (2 lb) de rôti de poitrine de dindon
175 ml ($^3/_4$ t.) de jus d'orange
50 ml ($^1/_4$ t.) d'huile végétale
15 ml (1 c. à soupe) chacun de miel
et de moutarde de Dijon
5 ml (1 c. à thé) chacun de basilic
et d'estragon
15 ml (1 c. à soupe) d'huile d'olive
1 carotte hachée
1 petit oignon haché
2 gousses d'ail non pelées
1 branche de céleri
250 ml (1 t.) ou plus de bouillon de volaille

Dans un grand bol, mélanger le jus d'orange, l'huile, le miel, la moutarde, le basilic et l'estragon. Verser sur le rôti. Laisser mariner au moins 1 heure, en retournant le rôti 1 à 2 fois. Égoutter et réserver la marinade. Dans une lèchefrite, saisir le rôti dans l'huile à feu élevé. Retirer la viande de la lèchefrite et réserver. Faire dorer la carotte, l'oignon, l'ail, et le céleri. Ajouter la marinade et le bouillon de volaille. Amener à ébullition. Ajouter le rôti. Couvrir et cuire au four à 160 °C (325 °F) 1$^1/_4$ heure. Déposer le rôti dans un plat de service. Au robot culinaire ou au mélangeur, réduire en purée les légumes avec le jus de cuisson. Ajouter du bouillon de volaille au besoin pour éclaircir la sauce.

Portions : 6 à 8
Préparation : 15 minutes
Macération : 1 heure
Cuisson : 1 heure 15 min

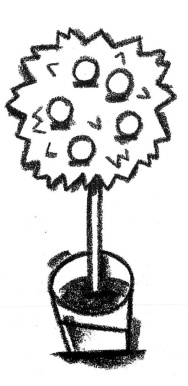

Christian Lacroix

Rôti à l'orange

Escalopes à la dijonnaïse

Escalopes à la dijonnaise

ÇA SENT LA MOUTARDE !

4 escalopes de dindon
de 120 à 180 g (4 à 6 oz) chacune
50 ml (¼ t.) d'huile végétale
50 ml (¼ t.) de miel
75 ml (⅓ t.) de moutarde de Dijon
30 ml (2 c. à soupe) de jus de citron
1 gousse d'ail émincée
poivre au goût

Dans un plat, mélanger l'huile, le miel, la moutarde, le jus de citron, l'ail et le poivre. Ajouter les escalopes. Couvrir et laisser macérer 2 heures au réfrigérateur. Dans un poêlon, faire griller les escalopes de dindon sans la marinade 6 à 8 minutes de chaque côté. Servir avec un riz au cari et des légumes de saison.

Portions : 4
Préparation : 15 minutes
Macération : 2 heures
Cuisson : 15 minutes

Cuisi-truc

Toute marinade est composée d'un liquide acide (jus d'orange, de pamplemousse, de citron, de vinaigre ou de vin), d'huile et de différents assaisonnements (fines herbes, ail, sel, poivre, etc.). Inventez-en une avec les ingrédients que vous avez sous la main !

Salade italienne

SUR UN LIT DE VERDURE

500 g (1 lb) de dindon en lanières
150 ml (⅔ t.) de carottes en biseau
175 ml (¾ t.) chacun de céleri en biseau
et de poivron haché
1 oignon haché finement
2 gousses d'ail émincées
75 ml (⅓ t.) chacun d'huile végétale
et d'huile d'olive
50 ml (¼ t.) de vinaigre de framboise
ou de vin
50 ml (¼ t.) de vinaigre blanc
15 ml (1 c. à soupe) d'origan
10 ml (2 c. à thé) de basilic frais
ou 5 ml (1 c. à thé) de basilic séché
sel et poivre

Pocher le dindon 1½ minutes à 2 minutes dans l'eau bouillante. Égoutter. Dans un grand bol, mélanger les carottes, le céleri, le poivron et l'oignon. Dans un autre bol, mélanger l'ail, l'huile végétale, l'huile d'olive, le vinaigre de framboise, le vinaigre blanc, l'origan et le basilic. Verser sur les légumes et ajouter le dindon. Couvrir et réfrigérer 2 heures. Servir sur un lit de verdure.

Portions : 4
Préparation : 10 minutes
Macération : 2 heures
Cuisson : 2 minutes

Cuisi-truc

Pour une salade plus rapide, blanchir les carottes 1 minute à l'eau bouillante, laisser macérer la salade 1 heure. Vinaigre de cidre, vinaigre de vin blanc, vinaigre de framboise..., dans la plupart des recettes, ils sont interchangeables. Autrefois exclusifs aux épiceries fines, on les retrouve maintenant dans les supermarchés. Ils se conservent indéfiniment à la température de la pièce.

Grillades de dindon à la mexicaine

INSPIRATION TEX-MEX

4 filets de dindon de 120 à 180 g
(4 à 6 oz) chacun
45 ml (3 c. à soupe) d'assaisonnements
pour tacos en sachet
1 gousse d'ail émincée
$^1/_2$ oignon haché
125 ml ($^1/_2$ t.) chacun d'huile d'olive
et d'huile végétale
50 ml ($^1/_4$ t.) de vin blanc
125 ml ($^1/_2$ t.) chacun de haricots rouges,
noirs et romains en conserve, rincés
125 ml ($^1/_2$ t.) chacun d'épis de maïs miniatures
et de cœurs d'artichauts coupés en 4
10 ml (2 c. à thé) de persil frais haché
$^1/_2$ oignon haché

45 ml (3 c. à soupe) d'assaisonnements
pour tacos en sachet
50 ml ($^1/_4$ t.) d'huile d'olive
50 ml ($^1/_4$ t.) de jus de citron

Dans un grand bol, mélanger les assaisonnements pour tacos, la gousse d'ail, l'oignon, l'huile et le vin blanc. Ajouter les filets de dindon. Couvrir et réfrigérer 2 heures. Faire griller les filets 8 à 10 minutes de chaque côté.

Entretemps, mélanger les légumes, le persil et l'oignon. Mélanger les assaisonnements pour tacos, l'huile et le jus de citron et incorporer à la salade de légumes.

Servir les filets accompagnés de la salade mexicaine.

Portions : 4
Préparation : 15 minutes
Macération : 2 heures
Cuisson : 20 minutes

Filets de dindon citronnés

PRESSEZ LE CITRON

4 filets de dindon de 120 à 180 g (4 à 6 oz)
125 ml ($^1/_2$ t.) de jus de citron
50 ml ($^1/_4$ t.) d'huile végétale
30 ml (2 c. à soupe) d'oignon haché finement
1 gousse d'ail émincée
10 ml (2 c. à thé) de sauce Worcestershire
2 ml ($^1/_2$ c. à thé) de poivre noir
2 ml ($^1/_2$ c. à thé) de thym

Dans un grand bol, mélanger le jus de citron, l'huile, les oignons, l'ail, la sauce Worcestershire, le poivre et le thym. Ajouter les filets de dindon. Couvrir et laisser macérer 2 heures au réfrigérateur. Faire griller les filets de dindon à 15 cm (6 po) de la source de chaleur, ou cuire dans un poêlon de 8 à 10 minutes de chaque côté.

Portions : 4
Préparation : 15 minutes
Macération : 2 heures
Cuisson : 20 minutes

Filets de dindon citronnés

Tournedos à la lime et à l'érable

Tournedos à la lime et à l'érable

ÉRABLISSIME!

4 tournedos de dindon
175 ml (³/₄ t.) de sirop d'érable
250 ml (1 t.) de jus de lime
5 ml (1 c. à thé) de beurre
5 ml (1 c. à thé) d'huile végétale
50 ml (¹/₄ t.) d'eau
zeste de 3 limes
50 ml (¹/₄ t.) de sirop d'érable
30 ml (2 c. à soupe) d'eau

Dans un bol, mélanger le sirop d'érable et le jus de lime. Ajouter les tournedos. Couvrir et réfrigérer 2 heures. Dans un poêlon, saisir les tournedos dans le beurre et l'huile, 1 minute de chaque côté. Déposer les tournedos dans un plat allant au four. Déglacer le poêlon avec l'eau et verser sur les tournedos. Cuire au four à 160 °C (325 °F) 25 à 30 minutes, en arrosant fréquemment de marinade.

Dans une casserole, faire bouillir le zeste de lime deux minutes. Bien égoutter. Mélanger le zeste de lime, le sirop d'érable et l'eau. Laisser mijoter à feu moyen 12 minutes.

Servir les tournedos de dindon garnis de la préparation de lime.

Portions : 4
Préparation : 10 minutes
Macération : 2 heures
Cuisson : 30 minutes

Cuisi-truc

Pour plus d'effet, décorez les tournedos d'une feuille de poireau. Retirez la barde du tournedos. Faites blanchir quatre feuilles de poireau 10 secondes dans l'eau bouillante. Une fois blanchie, elle se fixera facilement. Il vous suffira d'enrubanner le tournedos.

Christian Lacroix

Pilons à l'ail et au gingembre

AILLEZ, AILLEZ, BONNES GENS!

4 pilons de dindon et/ou hauts de cuisse
avec os et peau
2 gousses d'ail émincées
10 ml (2 c. à thé) de gingembre frais,
pelé et râpé
250 ml (1 t.) de sauce à l'ail V-H douce
250 ml (1 t.) de sauce à l'ail V-H forte
150 ml (²/₃ t.) de sauce Teriyaki

Dans un bol, mélanger l'ail, le gingembre et les sauces. Ajouter les pilons de dindon. Couvrir et réfrigérer 2 heures. Cuire au four avec la marinade, à 160 °C (325 °F), 1¹/₄ heure.

Portions: 4
Préparation: 5 minutes
Macération: 2 heures
Cuisson: 1 heure 15 min

Pilons, sauce piquante

PILONS 9-1-1

4 pilons de dindon ou hauts de cuisse
avec os et peau
250 ml (1 t.) de sauce piquante «Red Hot»
250 ml (1 t.) d'eau
250 ml (1 t.) de tomates étuvées entières
30 ml (2 c. à soupe) de sel d'ail
5 ml (1 c. à thé) de paprika

Cuire les pilons de dindon 8 à 10 minutes dans l'eau bouillante. Dans un bol, mélanger la sauce piquante, l'eau, les tomates, le sel d'ail et le paprika. Ajouter les pilons. Couvrir et réfrigérer 2 heures. Cuire au four à 160 °C (325 °F) 1¹/₄ heure en badigeonnant fréquemment de marinade.

Portions: 4
Préparation: 5 minutes
Macération: 2 heures
Cuisson: 1 heure 25 min

Christian Lacroix

Pilons à l'ail et au gingembre

Fajitas de dindon aux piments

Bavette de bœuf gaillard

UN EFFET BŒUF

1 rôti de bavette d'environ 750 g (1¹⁄₂ lb)
50 ml (¹⁄₄ t.) d'huile d'olive
30 ml (2 c. à soupe) de vinaigre de framboise,
de jus de citron ou de Porto
2 gousses d'ail émincées
1 feuille de laurier défaite en gros morceaux
5 ml (1 c. à thé) d'herbes de Provence
1 pincée de moutarde sèche
sel et poivre au goût
125 ml (¹⁄₂ t.) de bouillon de bœuf
ou plus au goût

Mettre la pièce de bœuf dans un sac de plastique. Dans un bol, mélanger l'huile, le vinaigre, l'ail, le laurier, les herbes, la moutarde sèche, le sel, le poivre et verser sur la viande. Laisser mariner 2 heures. Sortir la viande marinée du sac et déposer dans une petite lèchefrite. Cuire sous le gril, le plus près possible de la source de chaleur, de 6 à 8 minutes de chaque côté selon l'épaisseur de la viande et la cuisson voulue. Placer le rôti dans une assiette chaude et recouvrir de papier d'aluminium. Laisser reposer 8 à 10 minutes. Pendant ce temps, déglacer le fond de la lèchefrite avec le bouillon en grattant le fond pour détacher les sucs. Ajouter du bouillon au goût et servir.

Portions : 6
Préparation : 5 minutes
Macération : 2 à 6 heures
Cuisson : 12 à 16 minutes

Cuisi-truc

Cette recette peut être préparée sur le barbecue pendant la belle saison. Vous pouvez laisser la viande mariner toute la nuit, c'est encore meilleur. Trancher en sens contraire au grain de la viande, presqu'à l'horizontale (comme pour du saumon fumé).

Fajitas de dindon aux piments

OLÉ ! OLÉ !

375 g (³⁄₄ lb) de poitrine ou hauts de cuisse
de dindon désossés sans peau
45 ml (3 c. à soupe) d'huile végétale
50 ml (¹⁄₄ t.) de jus de citron
1 gousse d'ail émincée
2 ml (¹⁄₂ c. à thé) chacun de poudre de chili
et d'origan séché
1 ml (¹⁄₄ c. à thé) chacun de thym et de cumin
1 pincée chacun de poivre et de sucre
1 ou 2 piments forts Jalapeño
ou 2 ml (¹⁄₂ c. à thé) de sauce Tabasco
1 oignon rouge moyen en lamelles
1 poivron rouge ou vert en lanières
8 tortillas de 15 cm (6 po) de diamètre
sel au goût
sauce salsa et crème sure

Couper le dindon en languettes de 5 cm x 1 cm (2 po x ¹⁄₂ po). Dans un plat, mélanger 30 ml (2 c. à soupe) d'huile végétale, le jus de citron, l'ail, le chili, l'origan, le thym, le cumin, le poivre, le sucre et les piments. Ajouter le dindon et laisser macérer au réfrigérateur, 3 à 4 heures. Dans un poêlon, verser 15 ml (1 c. à soupe) d'huile et y dorer les languettes à feu vif 2 minutes. Incorporer l'oignon et le poivron. Faire sauter 2 à 3 minutes. Réchauffer les tortillas quelques minutes au four conventionnel ou quelques secondes au four micro-ondes. Déposer le mélange de dindon dans les tortillas. Saler et rouler les tortillas. Accompagner de sauce ou d'un mélange moitié salsa et moitié crème sure.

Portions : 4
Préparation : 15 minutes
Macération : 3 à 4 heures
Cuisson : 20 minutes

Cuisi-truc

Piments séchés ou Jalapeño frais, attention lorsque vous les manipulez ! Évitez de porter vos mains à votre nez, vos yeux ou vos lèvres après avoir touché aux piments car cela pourrait vous causer de légères irritations. Pensez à vous laver les mains à l'eau chaude savonneuse chaque fois que vous aurez utilisé des piments forts.

Adrien Duey

Brochettes de dindon aux fines herbes

BOUQUET DE PROVENCE

750 g (1½ lb) de poitrine ou hauts de cuisse de dindon désossé ou 24 cubes de dindon
6 petits oignons coupés en 2
2 poivrons rouges en carrés de 4 cm (1½ po)
2 courgettes en rondelles de 1 cm (½ po)
6 tranches de bacon coupées en 4
ciboulette, persil haché et jus de citron
250 ml (1 t.) d'huile végétale
50 ml (¼ t.) de vinaigre
2 gousses d'ail émincées
5 ml (1 c. à thé) chacun de cari, de paprika et de thym
2 ml (½ c. à thé) de romarin
5 ml (1 c. à thé) de sel
1 feuille de laurier
poivre au goût

Couper le dindon en 24 cubes de 2,5 cm (1 po). Dans un petit bol, mélanger l'huile, le vinaigre, l'ail, le cari, le paprika, le thym, le romarin, le sel, le laurier et le poivre. Verser sur les cubes. Couvrir et laisser macérer au réfrigérateur, 3 à 4 heures. Blanchir les oignons, 1 minute, à l'eau bouillante. Embrocher les cubes de dindon (4 cubes par brochette), en y alternant les morceaux de légumes et le bacon. Faire griller les brochettes à 15 cm (6 po) de la source de chaleur, en les tournant, 20 à 30 minutes, ou jusqu'à ce que le dindon ait perdu sa teinte rosée. Saupoudrer de ciboulette et de persil. Arroser de jus de citron et servir.

Portions : 6
Préparation : 20 minutes
Macération : 3 à 4 heures
Cuisson : 20 minutes

Côtelettes de porc à l'ananas

PORC HONOLULU

4 côtelettes de porc
45 ml (3 c. à soupe) de consommé de bœuf
50 ml (¼ t.) de sauce forte pour côtes levées (V-H)
45 ml (3 c. à soupe) de miel
125 ml (½ t.) de consommé de bœuf
45 ml (3 c. à soupe) de vin rouge
2 gousses d'ail émincées
30 ml (2 c. à soupe) ou moins de fécule de maïs délayée dans un peu de liquide
4 tranches d'ananas

Mélanger les ingrédients de la marinade. Déposer les côtelettes dans le fond d'un grand plat. Verser la marinade et laisser mariner environ 3 heures en retournant les côtelettes après 1½ heure. Cuire les côtelettes dans la marinade au four, à 180 °C (350 °F) 1 heure. Dans une petite casserole, faire chauffer le consommé, le vin et l'ail. Ajouter la fécule de maïs lorsque le liquide est chaud. Mélanger et verser sur la viande. Déposer une tranche d'ananas sur chaque côtelette et cuire 8 à 10 minutes. Servir avec du riz aux légumes.

Portions : 4
Préparation : 10 minutes
Macération : 3 heures
Cuisson : 1 heure 10 min

Adrien Duey

Brochettes de dindon aux fines herbes

Pilons de dindon marinés aux pêches

Pilons de poulet marinés

FAITES TREMPETTE!

12 pilons de poulet
1 oignon moyen haché finement
2 ml (½ c. à thé) de moutarde sèche
1 gousse d'ail émincée
2 ml (½ c. à thé) de gingembre moulu
125 ml (½ t.) de sauce soya
125 ml (½ t.) d'huile d'olive
1 ml (¼ c. à thé) de poivre noir

Déposer les pilons dans une casserole à fond épais, allant au four. Dans un bol, mélanger la moutarde, l'ail, le gingembre, la sauce soya, l'huile et le poivre. Verser sur la volaille. Laisser mariner au réfrigérateur, environ 4 heures, en retournant les morceaux de temps en temps. Couvrir et cuire dans la marinade à feu moyen, 30 à 45 minutes. Retirer les pilons de la marinade et cuire au four à 180 °C (350 °F) 30 minutes. Servir froid ou tiède.

Portions : 4
Préparation : 10 minutes
Macération : 4 heures
Cuisson : 1 heure

Cuisi-truc

Profitez des spéciaux de votre marché d'alimentation pour faire provision de volaille. Congelez-les si vous ne les utilisez pas tout de suite.

Pilons de dindon marinés aux pêches

LA PÊCHE AUX PÊCHES

4 petits pilons de dindon
175 ml (¾ t.) de jus de pêche
125 ml (½ t.) de jus d'orange
175 ml (¾ t.) de vin rouge sec
125 ml (½ t.) d'oignon haché
15 ml (1 c. à soupe) de sauce Worcestershire
5 ml (1 c. à thé) de thym
7 ml (1½ c. à thé) de sel
1 ml (¼ c. à thé) chacun de romarin et de poivre
2 ml (½ c. à thé) de jus de citron

Faire des incisions dans les pilons de dindon pour que la marinade pénètre bien. Dans un grand plat, mélanger tous les ingrédients et y incorporer le dindon. S'assurer que la marinade couvre bien tous les morceaux et réfrigérer 4 heures. Conserver la marinade. Pour le barbecue ou le four conventionnel, déposer chaque pilon dans du papier d'aluminium et verser 75 ml (⅓ t.) de marinade sur chacun avant de refermer. Cuire au four, à 160 °C (325 °F) 1 heure. Retirer les pilons de la papillote. Déposer dans une rôtissoire et cuire à découvert 30 minutes de plus.

Portions : 4
Préparation : 10 minutes
Macération : 4 heures
Cuisson : 1 heure 30 min (four)
35 minutes (micro-ondes)

Cuisi-truc

Pilons à toutes les sauces!

Dans un plat, placez les pilons côte à côte. Mélangez des tomates broyées, un peu de cassonade, du vinaigre de vin, de la sauce Worcestershire, du chili, de la moutarde sèche et une gousse d'ail émincée. Versez sur les pilons et cuire au four, à 180 °C (350 °F), 1½ heure en tournant les pilons aux 30 minutes.

Adrien Duey

Les cubes de dindon sont très appréciés sur une pizza, dans les salades, les plats de pâtes ou encore en souvlakis. Coupez-les de différentes grosseurs selon l'usage que vous voulez en faire.

Brochettes de dindon, sauce au vin

LE SECRET EST DANS LA SAUCE

600 g (1¼ lb) de poitrine ou hauts de cuisse de dindon désossés ou 16 cubes à brochette
50 ml (¼ t.) de vin blanc sec
50 ml (¼ t.) d'huile végétale
15 ml (1 c. à soupe) de jus de citron
2 gousses d'ail émincées
1 ml (¼ c. à thé) chacun de romarin, de sel et de poivre
10 ml (2 c. à thé) d'origan séché
8 choux de Bruxelles
2 tomates en quartiers
2 courgettes en tronçons
6 petits oignons
10 ml (2 c. à thé) de fécule de maïs
75 ml (⅓ t.) d'eau froide

Couper le dindon en 16 cubes de 2,5 cm (1 po). Dans un grand bol, mélanger le vin, l'huile, le jus de citron, l'ail, le romarin, le sel, le poivre et l'origan. Verser sur les cubes. Couvrir et macérer au réfrigérateur 4 à 5 heures. Incorporer les légumes après 3 heures de macération. Conserver la marinade. Enfiler alternativement les cubes de dindon et les légumes sur 4 brochettes. Faire griller au four ou au gril à 15 cm (6 po) de la source de chaleur 20 à 30 minutes. Tourner de temps en temps et arroser de marinade. Dans un poêlon, délayer la fécule dans l'eau froide et mélanger avec le reste de la marinade.

Porter à ébullition en brassant constamment jusqu'à épaississement. Servir les brochettes et arroser de sauce.

Portions : 4
Préparation : 15 minutes
Macération : 4 à 5 heures
Cuisson : 30 minutes

Adrien Duey

Brochettes de dindon, sauce au vin

*Pour épargner du temps,
faites mariner les pilons
toute la nuit. Le lendemain,
il ne vous restera plus qu'à
les faire cuire! Bien manger
n'exige pas nécessairement
plus de temps, tout est
question de planification
et d'organisation!*

Pilons de dindon marinés au soya

SOUVENIRS D'INDOCHINE

4 pilons de dindon ou hauts de cuisse
ou un mélange des deux
125 ml (½ t.) de sauce soya
125 ml (½ t.) d'huile végétale
1 petit oignon haché finement
2 ml (½ c. à thé) de moutarde sèche
2 ml (½ c. à thé) d'ail émincé
2 ml (½ c. à thé) de gingembre frais,
pelé et râpé

Dans une grande casserole, mélanger la sauce soya, l'huile, l'oignon, la moutarde, l'ail et le gingembre. Ajouter les morceaux de dindon, couvrir et réfrigérer au moins 4 heures. Cuire à feu moyen, dans la marinade, 30 minutes. Mettre dans un plat allant au four et cuire, à 160 °C (325 °F), ½ heure à ¾ heure. Servir froid ou tiède.

Portions : 4
Préparation : 5 minutes
Macération : 4 heures
Cuisson : 1 heure à 1 heure 15 min

Fajitas et salsa aux fruits

CHANDELEUR MEXICAINE

500 g (1 lb) de dindon en lanières
175 ml (³/₄ t.) de jus de fruits
45 ml (3 c. à soupe) de jus de citron
125 ml (¹/₂ t.) de bouillon de volaille
ou de vin blanc
1 oignon haché finement
5 ml (1 c. à thé) de gingembre frais,
pelé et râpé ou
¹/₂ c. à thé (2 ml) gingembre moulu
30 ml (2 c. à soupe) chacun de paprika
et d'huile végétale
10 ml (2 c. à thé) de sucre
5 ml (1 c. à thé) de cannelle
sel et poivre au goût
tortillas de maïs
75 ml (¹/₃ t.) chacun de sucre et d'eau
45 ml (3 c. à soupe) de vinaigre de framboise
500 ml (2 t.) d'ananas en cubes
175 ml (³/₄ t.) de prunes en cubes
125 ml (¹/₂ t.) de kiwis en tranches
175 ml (³/₄ t.) de tomates fraîches en cubes
5 gouttes de Tabasco
2 ml (¹/₂ c. à thé) chacun de poudre de chili
et de poudre d'ail
5 ml (1 c. à thé) de menthe fraîche
ou 2 ml (¹/₂ c. à thé) de menthe séchée

Dans une petite casserole, mélanger le jus de fruits, le jus de citron et le vin blanc. Amener à ébullition et laisser réduire de moitié. Ajouter l'oignon, le gingembre, le paprika, l'huile, le sucre, la cannelle, le sel et le poivre. Bien mélanger. Incorporer les lanières de dindon. Couvrir et réfrigérer 12 heures. Dans un poêlon, cuire les lanières de dindon à feu moyen-élevé 8 minutes. Dans une casserole, mélanger le sucre, l'eau et le vinaigre. Amener à ébullition. Laisser mijoter 5 minutes. Ajouter les ananas, les prunes et les kiwis. Cuire 5 minutes. Ajouter les tomates en dés, le Tabasco, le chili, la poudre d'ail et la menthe. Cuire 1 minute. Retirer du feu et laisser reposer. Bien égoutter la sauce à travers un tamis. Déposer quelques morceaux de dindon et de la salsa sur des tortillas. Rouler et déguster.

Portions : 4
Préparation : 15 minutes
Macération : 12 heures
Cuisson : 20 minutes

Cuisi-truc

Pour garnir ces fajitas fruités et savoureux, ajoutez un soupçon de crème sure allégée, du yogourt nature, des poivrons croustillants ou de la laitue fraîche.

Pour réchauffer des tortillas, superposez-les dans un papier d'aluminium. Bien fermer. Réchauffez au four à 180 °C (350 °F) 5 minutes. Afin d'éviter qu'ils ne sèchent, laissez les tortillas enveloppés jusqu'au moment de servir.

Couscous aux légumes

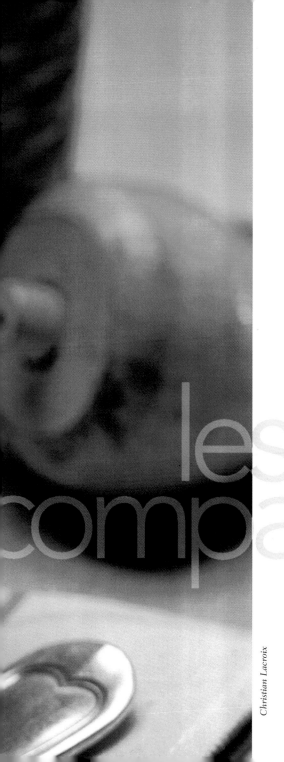

Christian Lacroix

Ils soulèveront le couvercle

du plat de service, d'où

s'envoleront de délicats parfums

et vos gourmands invités vous

diront que c'est un peu ça le bonheur !

LES PLATS
D'ACCOMPAGNEMENT

Cuisi-truc

*Une idée en plus!
Ajoutez, au goût, une
tomate épépinée coupée
en petits cubes et
des herbes fraîches.*

Pain à l'italienne au barbecue

LE PAIN QUOTIDIEN

2 tranches épaisses de pain de campagne
1 gousse d'ail coupée en deux
30 à 60 ml (2 à 4 c. à soupe)
d'huile d'olive extra vierge
sel et poivre au goût

Griller des tranches de pain croûté des
deux côtés sur la grille du barbecue. Frotter
un des deux côtés avec des moitiés de gousse
d'ail. Verser un filet d'huile d'olive sur chaque
tranche de pain. Saler et poivrer.

Portions : 4
Préparation : 5 minutes
Cuisson : 5 minutes

Cuisi-truc

*Ce gratin peut aussi se
faire avec des petits
bouquets de brocoli,
du céleri, des tranches
de courgettes ou des
petits oignons perlés.*

Chou-fleur gratiné au parmesan

BOUQUETS D'ODEUR

15 ml (1 c. à soupe) de beurre mou
750 ml (3 t.) de chou-fleur en petits bouquets
125 ml (½ t.) de sauce veloutée santé
(voir p. 137)
poivre au goût
50 ml (¼ t.) de parmesan frais, râpé

Badigeonner généreusement de beurre un
plat à gratin de 1 litre. Cuire le chou-fleur à
l'eau bouillante salée pour qu'il soit encore
croquant, soit environ 7 minutes. Égoutter,
mettre dans le plat à gratin et ajouter la sauce
veloutée en mélangeant bien. Poivrer et égaliser
la surface du gratin avec le dos d'une cuillère.
Saupoudrer de fromage. Placer sous le gril
préchauffé à 5 po (12 à 13 cm) de la source
de chaleur, environ 3 à 4 minutes ou jusqu'à
ce que le fromage soit doré.

Portions : 4
Préparation : 5 minutes
Cuisson : 12 à 15 minutes

Pyramide d'aubergines, de tomates et de courgettes

LE TRICOLORE

4 tranches d'aubergine de 1 cm ($\frac{1}{2}$ po)
50 ml ($\frac{1}{4}$ t.) de farine tout usage
30 ml (2 c. à soupe) d'huile d'olive
1 petite courgette tranchée finement
4 tranches de tomate
30 ml (2 c. à soupe) de parmesan

Faire tremper les tranches d'aubergine dans l'eau, 15 minutes. Bien égoutter et éponger dans un linge propre. Enfariner les tranches d'aubergine et cuire à feu vif dans l'huile, 1 minute de chaque côté. Retirer et réserver. Dans le même poêlon, sauter les rondelles de courgette, 1 minute. Déposer 1 tranche de tomate et des petites tranches de courgette sur chaque tranche d'aubergine grillée. Saupoudrer de parmesan. Cuire au four à 180 °C (350 °F) 3 minutes.

Portions : 4
Préparation : 20 minutes
Cuisson : 5 minutes

Cuisi-truc

Quelques trucs pour atténuer l'amertume de l'aubergine : laissez-la tremper dans de l'eau, 15 à 20 minutes, ou pelez-la car la substance amère se retrouve directement sous la peau.

Servie seule sur un coulis de tomates, la pyramide d'aubergines devient une entrée haute en couleur et en saveur.

Légumes en papillote sur barbecue

POUR PAPILLES EN FOLIE

250 ml (1 t.) de courgettes en rondelles épaisses
250 ml (1 t.) de tomates coupées en 8
250 ml (1 t.) d'oignons en rondelles fines
1 ml ($\frac{1}{4}$ c. à thé) de basilic et d'origan
sel et poivre au goût
30 ml (2 c. à soupe) d'huile d'olive

Déposer les légumes sur un double rectangle de papier d'aluminium (2 feuilles de papier l'une sur l'autre), ajouter le basilic, l'origan, le sel, le poivre et l'huile. Bien refermer le papier d'abord sur la longueur, puis aux bouts, pour former une longue papillote. Déposer un peu à l'écart de la source de chaleur et cuire 20 à 25 minutes en retournant la papillote de temps à autre. Servir avec des grillades.

Portions : 4
Préparation : 10 minutes
Cuisson : 20 à 25 minutes

Cuisi-truc

Vous pouvez faire la papillote plus grande avec plus de légumes ou ajouter des légumes de saison : la cuisson ne changera presque pas. En cas de pluie, vous pouvez aussi cuire la papillote au four à 215 °C (425 °F).

Pour un couscous à saveur encore plus délicate, remplacez le bouillon de volaille par la même quantité de sauce utilisée pour les pilons au paprika. Une fois que vous aurez essayé cette sauce, osez! Faites cuire votre couscous dans du jus de tomate ou même dans un mélange de bouillon de volaille et de jus d'orange.

Couscous aux légumes

SOUVERAIN AFRICAIN

1 petit oignon haché
1 gousse d'ail émincée
2 carottes moyennes pelées
et coupées en rondelles
15 ml (1 c. à soupe) d'huile d'olive
1 poivron rouge ou vert évidé et haché
500 ml (2 t.) de bouquets de brocoli
1 courgette moyenne en gros morceaux
1 pincée de cumin
sel et poivre au goût
375 ml (1$\frac{1}{2}$ t.) de bouillon de volaille
250 ml (1 t.) de couscous

Dans un grand poêlon, faire revenir à feu vif l'oignon, l'ail et les carottes dans l'huile. Ajouter le poivron, le brocoli, la courgette et le cumin. Saler et poivrer. Ajouter le bouillon de volaille et amener à ébullition. Saupoudrer le couscous sur les légumes. Retirer du feu. Couvrir et laisser gonfler 10 minutes.

Portions : 4
Préparation : 20 minutes
Cuisson : 15 minutes

Christian Lacroix

Couscous aux légumes

Brochettes de petites pommes de terre

FAITES TINTER LES GRELOTS

12 à 16 pommes de terre grelots pelées,
de même diamètre
5 ml (1 c. thé) de poivre noir concassé
45 ml (3 c. à soupe) d'huile d'olive
30 ml (2 c. à soupe) de jus de citron
2 ml (¹/₂ c. à thé) de thym
1 gousse d'ail émincée
5 ml (1 c. à thé) de pâte de tomates
sel au goût
4 longues tranches fines de cheddar fort,
d'Oka ou de gruyère

Cuire les pommes de terre à l'eau salée 6 à 8 minutes pour qu'elles soient tout juste tendres. Dans un bol, mélanger le poivre, l'huile d'olive, le jus de citron, le thym, l'ail et la pâte de tomates. Saler au goût. Incorporer les pommes de terre et laisser macérer 30 minutes, en remuant quelques fois. Enfiler les pommes de terre sur les brochettes. Griller sur le barbecue 4 à 5 minutes en badigeonnant à quelques reprises avec la marinade. Disposer les tranches de fromage sur le dessus des brochettes de façon à couvrir les pommes de terre et laisser fondre le fromage. Badigeonner une dernière fois avant de servir.

Portions : 4
Préparation : 10 minutes
Macération : 30 minutes
Cuisson : 15 minutes

Pommes de terre au four

IDÉAL IDAHO

2 grosses pommes de terre Idaho
50 ml ($^1/_4$ t.) de yogourt nature
30 ml (2 c. à soupe) de ciboulette
coupée finement
1 pincée de poudre d'ail
sel et poivre au goût
30 ml (2 c. à soupe) de parmesan râpé
paprika

Laver et brosser les pommes de terre.
Les piquer à quelques endroits à l'aide d'une
fourchette. Cuire au four à 190 °C (375 °F),
1 heure 15 minutes ou jusqu'à ce que les
pommes de terre soient tendres. Les couper
en deux à l'horizontale. Retirer la chair cuite
et déposer dans un bol. Ajouter le yogourt,
la ciboulette et la poudre d'ail. Saler et poivrer.
Fouetter le tout pour obtenir un mélange
mousseux et remplir les pommes de terre
évidées de ce mélange. Saupoudrer chaque
portion de parmesan râpé et de paprika.
Réchauffer 10 minutes au four et faire dorer
sous le gril quelques minutes.

Portions : 4
Préparation : 5 minutes
Cuisson : 1 heure 30 min

Cuisi-truc

*Vous pouvez préparer
les pommes de terre un
peu à l'avance et les
réchauffer au moment
du repas. Si vous optez
pour la cuisson au four
micro-ondes, faites-les
cuire 7 à 8 minutes
à puissance élevée en les
surveillant à mi-cuisson.*

Poires pochées à l'Amaretto

Christian Lacroix

Ils clameront qu'ils n'en peuvent
plus, qu'ils sont repus. N'en croyez rien.
Leurs sens auront raison d'eux!
Bien malin qui restera de bois
devant l'une de ces tentations!

les
desserts

LES DESSERTS

Poires pochées à l'Amaretto

COUPEZ LA POIRE EN DEUX

6 poires fraîches pelées
30 ml (2 c. à soupe) de miel
50 ml (¼ t.) d'eau
15 ml (1 c. à soupe) de jus de citron
30 ml (2 c. à soupe) d'Amaretto
ou de Brandy aux pêches
50 ml (¼ t.) d'amandes effilées grillées

Couper les poires en deux et enlever le cœur. Badigeonner de jus de citron. Dans une assiette de verre peu profonde mettre le miel, l'eau et le jus de citron. Chauffer au micro-ondes, à puissance moyenne, 1 minute. Brasser. Déposer les moitiés de poires dans l'assiette, le côté cœur vers le bas, et arroser de sirop. Cuire au micro-ondes à puissance moyenne/élevée, environ 3 minutes ou jusqu'à ce que les poires soient tendres mais encore fermes. Ajouter l'Amaretto au sirop de cuisson, brasser. Laisser refroidir dans l'assiette jusqu'au moment de servir. Déposer 2 moitiés de poire dans chaque coupe à dessert. Arroser avec le sirop parfumé à l'Amaretto et garnir d'amandes grillées.

Portions : 6
Préparation : 10 minutes
Cuisson : 5 minutes

Biscuits minute

MONSIEUR GRAHAM, VOUS FAITES DE BONS BISCUITS

30 à 45 biscuits Graham faibles en gras
250 ml (1 t.) de cassonade tassée
250 ml (1 t.) de beurre
125 ml (½ t.) d'amandes effilées

Chauffer le four à 180 °C (350 °F). Déposer les biscuits en une seule couche sur une tôle à biscuits à surface antiadhésive. Faire fondre le beurre au micro-ondes, ajouter la cassonade. Brasser jusqu'à dissolution complète, remettre au micro-ondes 1 minute. Bien brasser de nouveau. Badigeonner les biscuits de sirop, uniformément et généreusement, au pinceau ou à la cuillère. Déposer un peu d'amandes effilées au centre de chaque biscuit.

Cuire au four 7 minutes. Arrêter la chaleur du four et ouvrir la porte. Laisser refroidir dans le four au moins 30 minutes.

Portions : 35 à 55 biscuits
Préparation : 10 minutes
Cuisson : 7 minutes

Christian Lacroix

Poires pochées à l'Amaretto

Confidences aux pommes

Confidences aux pommes

CHANTEZ-MOI LA POMME

3 pommes Cortland ou Spartan pelées,
évidées et en fines tranches
4 feuilles de pâtes filo
50 ml (¼ t.) de beurre
15 ml (1 c. à soupe) de chapelure
de biscuits Graham
45 ml (3 c. à soupe) de cassonade
15 ml (1 c. à soupe) de beurre

Dans un poêlon, sauter les pommes, la cassonade et la chapelure, dans le beurre, 15 secondes. Superposer les feuilles de pâte filo en badigeonnant chacune de beurre fondu. Couper la feuille en 2 sur la longueur et en 4 sur la largeur. Étendre la garniture aux pommes dans 8 rectangles. Façonner en petits rouleaux avec la pâte et bien sceller chaque extrémité. Cuire au four, à 190 °C (375 °F), 25 minutes.

Portions : 4
Préparation : 10 minutes
Cuisson : 25 minutes

Cuisi-truc

Pour un effet épatant, servez les confidences sur un lit de chocolat fondu ou encore de crème 35 % m.g. légèrement sucrée et parfumée d'une goutte de vanille.

Pour un choix plus léger, préparez un coulis de framboises ou garnir simplement de fraises et de kiwis coupés.

Gâteau chocolaté « sans péché »

GRAND-MAMAN GÂTEAU

125 ml (½ t.) de farine tout usage
125 ml (½ t.) de poudre de cacao
5 ml (1 c. à thé) de poudre à pâte
1 ml (¼ c. à thé) de sel
4 jaunes d'œufs
75 ml (⅓ t.) de sucre
4 blancs d'œufs
75 ml (⅓ t.) de sucre
1 contenant (8 onces - 250 ml)
de garniture fouettée congelée, ramollie
poudre de cacao
framboises ou fraises fraîches
coupées en deux
feuilles de menthe fraîche

Tapisser de papier ciré le fond de 2 moules à gâteau de 20 cm (8 po) de diamètre. Tamiser ensemble la farine, la poudre de cacao, la poudre à pâte et le sel. Réserver. Dans un bol, fouetter les jaunes d'œufs 5 minutes en ajoutant petit à petit, 75 ml (⅓ t.) de sucre. Réserver. Laver les batteurs et les essuyer parfaitement. Dans un grand bol, fouetter les blancs d'œufs en neige. Ajouter le sucre petit à petit jusqu'à ce que les blancs d'œufs forment des pics fermes. À l'aide d'une spatule, incorporer délicatement les jaunes aux blancs en évitant de brasser. Saupoudrer le mélange de farine et verser dans les moules. Cuire au four à 160 °C (320 °F), 20 à 25 minutes. Renverser, laisser refroidir et retirer des moules. Déposer un gâteau sur une assiette et garnir d'un peu de garniture fouettée et de framboises. Placer le deuxième gâteau sur le dessus et garnir du reste de la crème.

Saupoudrer le tout de cacao, garnir de framboises et de feuilles de menthe fraîche.

Portions : 8 à 10
Préparation : 20 minutes
Cuisson : 20 à 25 minutes

Cuisi-truc

Essayez ce gâteau garni de différents fruits : pêches et fraises, poires et bleuets, ou autres fruits de saison.

Christian Lacroix

Gâteau aux noisettes

C'EST DU GÂTEAU

4 oeufs
30 ml (2 c. à soupe) de farine
15 ml (1 c. à soupe) de poudre à pâte
125 ml (½ t.) de sucre
250 ml (1 t.) de noisettes (aussi
appelées avelines), hachées grossièrement
500 ml (2 t.) de crème 35 % m.g.
50 ml (¼ t.) de cacao
125 ml (½ t.) de sucre
10 ml (2 c. à thé) de vanille
5 ml (1 c. à thé) de café instantané

Au malaxeur, mélanger les œufs, la farine,
la poudre à pâte, le sucre et les noisettes.
Verser dans 2 moules ronds de 20 cm (8 po)
enfarinés et cuire au four, à 160 °C (325 °F)
25 minutes.

Fouetter la crème jusqu'à ce qu'elle forme
des pics fermes. Incorporer le cacao, le sucre,
la vanille et le café. Glacer le premier étage
du gâteau et déposer l'autre par-dessus. Glacer
ensuite le dessus et le tour. Garnir de noix.

Portions : 8 à 10
Préparation : 20 minutes
Cuisson : 25 minutes

Pain aux bananes

SOUVENIR DE JEUNESSE

500 ml (2 t.) de farine tout usage
10 ml (2 c. à thé) de poudre à pâte
2 ml (½ c. à thé) de sel
125 ml (½ t.) de graisse végétale ramollie
250 ml (1 t.) de sucre
2 œufs
3 bananes moyennes écrasées
30 ml (2 c. à soupe) de jus de citron
250 ml (1 t.) de noix
de Grenoble en morceaux
15 ml (1 c. à soupe) de zeste de citron

Chauffer le four à 180 °C (350 °F).
Tamiser ensemble la farine, la poudre à pâte
et le sel. Réserver. Dans le grand bol du
malaxeur, mettre la graisse végétale ramollie.
Fouetter et incorporer doucement le sucre.
Ajouter les œufs un à un sans arrêter de
fouetter. Incorporer les bananes et le jus de
citron. Ajouter peu à peu la farine tamisée
avec la poudre à pâte et le sel. Quand le
mélange est bien homogène, ajouter les noix
et le zeste de citron. Verser dans un moule à
pain de 9 po x 5 po x 3 po graissé. Cuire au
four environ 1 heure 15 minutes. Refroidir
10 minutes et démouler. Servir tranché.

Portions : 8 à 10
Préparation : 10 minutes
Cuisson : 1 heure 15 min

Yogourt glacé
aux biscuits au chocolat

PÉCHÉ GLACÉ

1 contenant de 500 ml (2 t.)
de yogourt glacé au chocolat
12 biscuits chocolat et crème
genre «Oréo»

Laisser fondre un peu le yogourt glacé
dans un grand bol. Hacher grossièrement les
biscuits au couteau. Incorporer les morceaux
de biscuit au yogourt. Remettre dans le
contenant. Congeler.

Portions : 4
Préparation : 5 minutes
Congélation : 1 heure 30 min

Glace au caramel,
coulis de canneberges

COMME AU RESTO

125 ml (¹/₂ t.) d'abricots secs
125 ml (¹/₂ t.) de brandy chaud,
de liqueur à l'orange ou d'eau chaude
125 ml (¹/₂ t.) chacun d'amandes et de sucre
4 blancs d'œufs
50 ml (¹/₄ t.) de sucre
500 ml (2 t.) de crème 35 % m.g.
300 ml (1¹/₄ t.) de jus d'orange
125 ml (¹/₂ t.) de sucre (ou plus au goût)
1 sac de canneberges fraîches ou congelées

Mettre les morceaux d'abricots dans
l'alcool ou l'eau chaude, laisser gonfler
20 minutes. Pendant ce temps, faire fondre
le sucre avec les amandes à feu élevé en surveillant constamment. Cuire jusqu'à ce que
le mélange soit doré et caramélisé. Étendre
sur une plaque à biscuits recouverte d'un
papier ciré. Laisser refroidir et durcir complètement. Réduire la préparation en poudre
au robot. Réserver. Monter les blancs d'œufs
en neige en ajoutant le sucre peu à peu.
Fouetter la crème jusqu'à l'obtention de pics
fermes. Incorporer délicatement les blancs
d'œufs à la crème sans fouetter. Égoutter les
abricots et les couper en petits morceaux, puis
incorporer doucement au mélange de crème
fouettée et de blancs d'œufs. Ajouter le caramel
aux amandes. Tapisser un moule long et étroit,
ou 2 moules à pain, de pellicule plastique.
Y verser la préparation et congeler 3 à 4 heures.
Mélanger le jus d'orange, le sucre et les
canneberges et cuire 20 minutes à feu doux.
Passer au presse-purée et laisser refroidir.
Servir la glace au caramel en tranches sur le
coulis de canneberges et décorer de feuilles
de menthe.

Portions : 16 à 18
Préparation : 40 minutes
Cuisson : 5 à 7 minutes
    pour le caramel
    20 minutes pour le coulis
Congélation : 3 à 4 heures

Dessert aux trois sorbets

DOUCEUR TROPICALE

300 ml (1¼ t.) de biscuits Graham émiettés
50 ml (¼ t.) de sucre
50 ml (¼ t.) de beurre fondu
1 L (4 t.) de crème glacée à la vanille
500 ml (2 t.) de sorbet aux fraises
ou aux framboises
500 ml (2 t.) de sorbet à la mangue
ou à l'orange
500 ml (2 t.) de sorbet au citron
1 mangue fraîche tranchée ou en conserve
framboises fraîches
feuilles de menthe fraîche

Mélanger la chapelure de biscuits Graham, le sucre et le beurre. Presser fermement dans un moule à charnière de 22 cm (9 po). Cuire au four, à 180 °C (375 °F), 8 minutes. Laisser refroidir.

Entretemps, ramollir la moitié de la crème glacée et tous les sorbets au réfrigérateur, environ 30 minutes. Étendre uniformément la crème glacée sur la croûte de biscuits. Congeler. Déposer les sorbets à la cuillère sur la crème glacée en alternant les couleurs. Presser légèrement pour remplir les espaces vides. Congeler 30 à 45 minutes. Faire ramollir le reste de la crème glacée et l'étendre à la spatule uniformément sur le mélange de sorbets. Couvrir et mettre au congélateur au moins 4 heures.

Pour démouler, glisser un couteau le long des parois du moule. Enlever le tour, déposer sur une assiette de service. Décorer de tranches de mangues, de framboises et de feuilles de menthe fraîche.

Portions : 15 à 20
Préparation : 1 heure
Cuisson : 8 minutes
   (pour la croûte aux biscuits Graham)
Congélation : 4 heures 30 min

Christian Lacroix

Dessert aux trois sorbets

Christian Lacroix

Les passe-partout de la cuisine,

les gagne-temps,

les infaillibles,

la pâte à tarte de grand-maman,

les crêpes du matin...

Bref, ce que tout bon marmiton

doit savoir, une fois pour toutes.

LES INCONTOURNABLES

Marinades pour Barbecue

Toutes ces recettes servent
à mariner et badigeonner
durant la cuisson 1 kg (2 lb)
de viande de dindon

ITALIENNE
125 ml (¹/₂ t.) de jus de tomate
2 gousses d'ail émincées
10 ml (2 c. à thé) de basilic séché
5 ml (1 c. à thé) d'origan séché
sel et poivre au goût

ORIENTALE
75 ml (¹/₃ t.) de sauce soya
15 ml (1 c. à soupe) de gingembre frais haché fin
75 ml (¹/₃ t.) d'eau
30 ml (2 c. à soupe) de jus de citron
45 ml (3 c. à soupe) de miel
3 oignons verts hachés fins

MOYEN-ORIENTALE
45 ml (3 c. à soupe) de jus de citron
2 gousses d'ail émincées
15 ml (1 c. à soupe) de gingembre frais haché fin
30 ml (2 c. à soupe) d'huile d'olive
sel et poivre au goût

INDONÉSIENNE
125 ml (¹/₂ t.) de jus de citron
125 ml (¹/₂ t.) de beurre d'arachide
30 ml (2 c. à soupe) de sauce soya
30 ml (2 c. à soupe) de moutarde de Dijon
45 ml (3 c. à soupe) de miel
125 ml (¹/₂ t.) d'eau
gouttes de sauce Tabasco

TANDOORI
5 ml (1 c. à thé) de moutarde de Dijon
30 ml (2 c. à soupe) d'huile végétale
125 ml (¹/₂ t.) de yogourt nature
7 ml (¹/₂ c. à soupe) de gingembre frais haché fin
2 gousses d'ail émincées
5 ml (1 c. à thé) de cumin
30 ml (2 c. à soupe) de jus de citron
sel et poivre au goût

AUX HERBES
50 ml (¹/₄ t.) de jus de citron
50 ml (¹/₄ t.) de vin blanc
30 ml (2 c. à soupe) d'huile d'olive
15 ml (1 c. à soupe) de romarin séché
5 ml (1 c. à thé) de thym séché
2 oignons verts hachés fins
sel et poivre au goût

AU YOGOURT
125 ml (¹/₂ t.) de babeurre ou de yogourt nature
15 ml (1 c. à soupe) d'huile d'olive
15 ml (1 c. à soupe) de moutarde de Dijon
2 gousses d'ail émincées
10 ml (2 c. à thé) d'estragon séché
sel et poivre au goût

AUX FRUITS
5 ml (1 c. à thé) de jus de citron
125 ml (¹/₂ t.) de yogourt aux pêches
15 ml (1 c. à soupe) de miel
15 ml (1 c. à soupe) de menthe fraîche
sel et poivre au goût

À L'ORANGE
125 ml (¹/₂ t.) de jus d'orange
5 ml (1 c. à thé) de zestes d'orange
2 oignons verts hachés fins
10 ml (2 c. à thé) d'estragon séché
sel et poivre au goût

Sauce veloutée cuite au micro-ondes

250 ml (1 t.) de bouillon de volaille
250 ml (1 t.) de lait
5 ml (1 c. à thé) de moutarde de Dijon
30 ml (2 c. à soupe) de fécule de maïs
125 ml (½ t.) de bouillon de volaille froid
sel et poivre au goût
persil haché et fines herbes au goût

Dans un bol, mélanger le bouillon, le lait et la moutarde. Chauffer au micro-ondes à puissance moyenne, 3 minutes. Dans un petit bol, délayer la fécule de maïs dans le bouillon froid. Verser dans le bouillon chaud, mélanger au fouet. Remettre au micro-ondes à puissance élevée, 2 minutes, ou jusqu'à ce que la sauce commence à bouillir. Brasser et remettre au four, à puissance moyenne, 2 minutes à la fois, jusqu'à ce que la sauce ait la consistance désirée. Assaisonner au goût. Pour que la sauce soit plus onctueuse, ajouter 1 ou 2 noisettes de beurre juste avant de servir.

Portions : 2 tasses (500 ml)
Préparation : 5 minutes
Temps de cuisson :
10 à 12 minutes

Bouillon de volaille

Carcasse de volaille (dindon, poulet, etc.),
le cou, les ailes
eau
oignons, poireaux, céleri avec feuilles
et carottes coupés en gros morceaux
thym, laurier, sel et poivre

Dans une grande casserole, mettre les os de volaille. Couvrir d'eau. Ajouter les légumes, le thym et une feuille de laurier. Assaisonner. Laisser mijoter 2 à 3 heures, à demi couvert. Écumer fréquemment. Filtrer le bouillon à la passoire et laisser refroidir afin que le gras remonte à la surface. Ensuite, réfrigérer plusieurs heures et dégraisser. Congeler en portions.

Vinaigrette minute

75 ml (⅓ t.) d'huile d'olive
15 ml (1 c. à soupe) de vinaigre de vin ou de jus de citron (plus ou moins au goût)
2 ml (½ c. à thé) de moutarde de Dijon
1 pincée de sucre
1 gousse d'ail entière, pelée
sel et poivre au goût

Mettre tous les ingrédients dans un pot à couvercle hermétique et bien brasser. Laisser reposer et remélanger au moment de servir. Retirer la gousse d'ail. Verser immédiatement sur la salade.

Mayonnaise de base et ses variantes

1 œuf
jus de ½ citron ou
15 ml (1 c. à soupe) de vinaigre de vin
1 petite gousse d'ail émincée
5 ml (1 c. à thé) de moutarde de Dijon
125 ml (½ t.) d'huile d'olive
250 ml (1 t.) d'huile végétale
sel et poivre au goût
1 pincée de sucre

Dans un bol du malaxeur ou au robot, mélanger l'œuf, le jus de citron, l'ail et la moutarde. Fouetter à haute vitesse tout en versant l'huile en filet. Quand la mayonnaise est montée, assaisonner. Ajouter une pincée de sucre au goût.

Variantes :

Pour obtenir différentes saveurs de mayonnaise, ajouter un des ingrédients qui suit à ½ tasse (125 ml) de la recette de base :

5 ml (1 c. à thé) de poudre de cari, de basilic séché ou d'épices cajun

15 ml (1 c. à soupe) de basilic frais ou de pesto

30 ml (2 c. à soupe) de coulis de mangue, de coriandre fraîche ou de tomates séchées hachées

Sauce vinaigrette :

À cette mayonnaise de base, ajouter en fouettant, 125 ml (½ t.) de crème légère.

Fond brun

1 kg (2 lb) ou plus d'os de carcasse de volaille concassés ou d'os de parures de veau
30 ml (2 c. à soupe) de farine
2 de chaque : oignons, carottes, échalotes françaises coupés grossièrement
1 gousse d'ail et 1 blanc de poireau hachés
3 branches de céleri coupées en gros morceaux
45 ml (3 c. à soupe) de pâte de tomate
3 branches de persil
1 feuille de laurier
5 ml (1 c. à thé) de thym
6 grains de poivre
sel au goût

Dans une grande lèchefrite mettre les os et les parures sans les empiler.

Cuire au four au moins 30 minutes et surveiller ensuite pour obtenir une coloration. Quand les os sont bien dorés, saupoudrer de farine, ajouter les légumes et la pâte de tomates. Mélanger. Poursuivre la cuisson jusqu'à ce que le tout soit bien coloré. Mettre le mélange d'os et de légumes dans une grande casserole. Jeter le gras de la lèchefrite et mettre celle-ci sur le feu. Déglacer avec environ 125 ml (½ t.) d'eau ou de vin rouge. Amener à ébullition en grattant bien les sucs dans le fond de la lèchefrite. Verser sur les os dans la casserole et ajouter de l'eau pour couvrir. Porter à ébullition, réduire le feu et écumer fréquemment pendant toute la cuisson. Après le premier écumage, ajouter le persil, le laurier, le thym, le sel et le poivre. Couvrir partiellement et laisser mijoter 2 à 3 heures.

Pesto

750 ml (3 t.) de basilic frais
250 g (½ lb) de parmesan frais râpé
125 ml (½ t.) de pignons (noix de pin)
ou de noix de Grenoble
4 gousses d'ail pelées
5 ml (1 c. à thé) de sel
2 ml (½ c. à thé) de poivre noir frais moulu
375 ml (1½ t.) d'huile d'olive

Au robot culinaire, réduire tous les ingrédients du pesto en purée avec 125 ml (½ t.) d'huile. Ajouter le reste de l'huile et rendre le mélange crémeux. Le pesto se conserve très bien au congélateur ou quelques jours au réfrigérateur, dans un contenant fermé.

Pâte à tarte

1 L (4 t. bien généreuses) de farine tout usage
1 ml (¼ c. à thé) de sel
500 g (1 lb) de saindoux très froid
coupé en morceaux
1 œuf jaune et blanc séparés
250 ml (1 t.) d'eau glacée
15 ml (1 c. à soupe) de vinaigre blanc

Dans un grand bol, tamiser la farine et le sel. Ajouter le saindoux. À l'aide de deux couteaux ou d'un couteau à pâte, couper la graisse dans la farine pour que le mélange devienne comme de la grosse chapelure. Mélanger l'eau glacée, le jaune d'œuf et le vinaigre. Faire un puits au milieu de la pâte et y verser le liquide. Mélanger avec les couteaux. Fouetter le blanc d'œuf en neige et incorporer à la pâte. Envelopper la pâte dans un papier ciré et réfrigérer au moins une heure. Cette pâte se congèle parfaitement.

Pâte à crêpes fines

250 ml (1 t.) de farine tout usage
1 pincée de sel
250 ml (1 t.) de lait
2 œufs
15 ml (1 c. à soupe) de beurre fondu
Beurre ou gras pour la cuisson

Dans un grand bol, mélanger la farine et le sel. Ajouter, en fouettant sans arrêt, le lait, les œufs un à la fois et le beurre fondu. Fouetter jusqu'à l'obtention d'une crème légère. Recouvrir le bol d'une pellicule plastique et laisser reposer au réfrigérateur au moins 1 heure. Enduire un poêlon à surface anti-adhésive de beurre et le chauffer à feu moyen-élevé. Verser un peu de pâte à crêpes et la faire tourner au fond du poêlon de façon à ce qu'elle s'étende en une couche très fine. Retourner après 1 ou 2 minutes et laisser dorer l'autre côté.

Portions : 12 à 14
Préparation : 5 minutes
Temps d'attente : 20 minutes
Cuisson : 1 à 2 minutes
    par crêpe

REMERCIEMENTS

Les Producteurs de dindons du Québec tiennent à souligner l'excellente collaboration de toutes les personnes qui ont participé à la réalisation de ce livre.

Nous remercions particulièrement Suzanne Lapointe qui a conçu, avec la passion qu'on lui connaît, toutes les recettes avec le concours du Chef Claudel Courcelles.

Nous adressons également nos remerciements aux diététistes qui nous ont transmis leurs précieux commentaires, suggestions et corrections. Citons spécialement les contributions de Nathalie Lacourse, responsable de la révision nutritionnelle, de Dominique Claveau, pour l'analyse nutritionnelle, de Marie-Claude Gélineau, qui a uniformisé les recettes, et d'Évelyne Simard, assistante du chef Courcelles.

Nous tenons à exprimer également notre reconnaissance à Marc Maulà, responsable du stylisme culinaire auprès de Suzanne Lapointe, à Christian Lacroix, pour la beauté de ses photos, à Luc Melanson, qui a ponctué nos coups de cœur de ses illustrations, et à Janine Renaud, qui a révisé méticuleusement cet ouvrage.

INDEX DES RECETTES